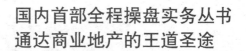

国内首部全程操盘实务丛书
通达商业地产的王道圣途

企业管理卷

China's
commercial
real estate
solutions

中国商业地产
完全解决方案

王玮　徐永梅◎主编

经济管理出版社
ECONOMY & MANAGEMENT PUBLISHING HOUSE

图书在版编目（CIP）数据

王道：中国商业地产完全解决方案（企业管理卷）/
王玮，徐永梅主编. —北京：经济管理出版社，2008.5
ISBN 978-7-5096-0192-1

Ⅰ. 王… Ⅱ. ①王… ②徐… Ⅲ. 城市商业—房地
产—经济管理 Ⅳ. F293.3

中国版本图书馆 CIP 数据核字（2008）第 027219 号

出版发行：**经济管理出版社**

北京市海淀区北蜂窝 8 号中雅大厦 11 层

电话：(010)51915602　　　邮编：100038

印刷：北京交通印务实业公司　　　经销：新华书店

组稿编辑：张　艳	责任编辑：张　艳
技术编辑：蒋　方	责任校对：郭红生

720mm×1000mm/16　　　14.5 印张　　　310 千字

2008 年 7 月第 1 版　　　2008 年 7 月第 1 次印刷

定价：五卷共 680.00 元

书号：ISBN 978-7-5096-0192-1/F·188

编辑委员会

主　　　编：王　玮　徐永梅

副　主　编：王　琦　方朝晖　任剑锋　程升普

　　　　　　谢黔华　万玉婵　吴明彬　莽　芒

执 行 主 编：谢　黎

编辑委员会：谢长凤　卢晓瞳　熊会才

　　　　　　李振庆　李　青　邹　飞

特 别 顾 问：孟晓苏　庄　凌

策 划 机 构：北京恒基英华地产传媒机构

特别感谢以下单位支持：

福建嘉龙集团

贵州六盘水嘉年华房地产开发有限公司

贵州六盘水华飞房地产开发有限公司

贵州六盘水金都房地产开发有限公司

福建闽武规划设计有限公司

澳大利亚（中国）博能规划设计顾问有限公司

贵定金都房地产开发有限公司

贵州赫章嘉龙房地产开发有限公司

天津《新时代地产》杂志社

《领袖地产》杂志社

序一：超越门户之见，共享成功经验

王　玮

星巴克创始人霍华德·舒尔茨是美籍犹太人，他在 20 多年前访问以色列，教堂神父给他讲了"二战"期间发生的一桩往事。一个冬天，德国纳粹将犹太人驱赶在一起，用火车运往欧洲某地的集中营，火车必须经过漫长一夜才能到达目的地，欧洲冬季的深夜是那样的寒冷——而每 6 个人中只有一人能得到一条毯子御寒。但没有人争吵，没有人抢夺，因为，幸运分到毯子的那个人总会平静地将毯子铺开，和周围其他五人分享，分享这难得的温暖。

这个故事给霍华德·舒尔茨很大的震撼和启发，后来，他将这种理念引进自己的企业，他不仅为公司的临时职工提供福利，还创立了美国企业历史上第一个"期股"形式，即让公司所有员工都获得公司的股权。此举开始时受到公司高层很多人反对，而且推行之初公司经营呈现亏损，但是，他坚持和员工分享公司利益的政策，他相信通过利益共享，与员工形成互相信任的密切的伙伴关系，并将这种信任和真诚传递给顾客，股东的长期利益才会增加，这么做的效果比单纯广告宣传对公司作用要大得多。事实证明他是正确的。公司很快扭亏为盈，更被誉为全球最受尊敬的公司，股票市值在十多年间上升了 100 倍，市值达到 300 亿美元。

看到这个故事后我也受到很大的震动。"学会与人分享"，我们都或多或少地受过这种教育，但践行起来却是少之又少。这不仅源于个人智慧问题，也许更关乎个人理想与道德，非不知也，是不为也。

中国地产业在饱受争议中前行，企业责任感的问题一度成为社会热议的话题。我想，如果把这个问题简单化，亦可以归结到"与人分享"的问题上来。开发企业成功了，应该学会与全社会共享成功，回报社会。中国许多优秀地产企业家就为我们作出了榜样。事实上，国外有专家对慈善现象进行过深入研究，研究的结论是：捐赠越多的企业反而会发展得越好。这使我们对慈善和捐赠又有了新的认识。正如中国传统价值观里面说的，"舍得舍得"，有"舍"才会"得"，"舍"和"得"其实是辩证统一的。

　　说到项目开发和企业管理方面，任何一个成熟的开发企业都会积累一套比较成熟的经验做法。但这些东西往往会被大家作为核心竞争力或者核心资源等给封存起来，视为公司竞争利器而不肯轻易示人。但我想，现在已经不是靠一本秘籍打拼天下的时代了，再说闭门造车的秘籍也总会有某些缺陷。因此，我们组织了一批专业商业地产人士把商业地产的一些实战操作进行总结完善，集结成册予以出版，希望借此与广大业内同仁分享，并在交流中也给我们以启迪。丛书如能对大家有所裨益，亦善莫大焉！

序二：成功 = 99%的标化 + 1%的创新

谢 黎

企业管理专家常说，世界上有两种智慧，一种是把简单的事情变复杂，一种是把复杂的事情变简单。

地产开发纷繁复杂，头绪众多，住宅开发是如此，商业地产开发更是如此。如何使复杂的地产开发简单化和标准化是所有开发企业的共同课题。如果细究起来，目前地产行业的标准化正在朝着几个方向发展：

一是产品类型标准化：现在许多优秀开发企业都在进行全国战略布局，开发项目众多，产品标准化后的异地复制成为大公司加快开发速度、降低风险和减少成本的必由之路。如知名的地产连锁品牌中体产业奥林匹克花园就在体育文化社区标准化方面进行了许多有益和有效的探索，所以能在全国快速开展奥林匹克花园的连锁开发。

二是产品构建的标准化：主要是学习日本欧美等国家先进技术，使住宅能像一般流水线产品一样进行批量生产，然后进行组装，真正实现"住宅产业化"。

三是实现管理标准化：即实现地产开发与经营的各个环节操作的手册化、作业指导化，这样就会有效提高工作效率，同时能对工作目标进行有效控制。

当然，我们必须承认，事物总是发展变化的，每一个地产项目受地缘环境的诸多影响，必定有许多独一无二的地方。因此，任何的标准化都无法穷尽各种变化。古人云"吾生也有涯，而知也无涯"，但人们仍然会"以有涯随无涯"，"发奋识遍天下字，立志读尽人间书"。地产完全标准化几乎是一个无法实现的任务，但仍然是所有开发商的终极目标。

既然无法实现完全标准化，地产创新就仍是一个永恒的主题。但事实上，地产发展日益成熟的今天，创新殊非易事。没有相当智慧和相当实力，奢谈创新无异于清谈天下，于事无补。因此，相形之下，标准化仍是我们现实的首要目标。

　　和住宅开发相比，商业开发更复杂，更像一场马拉松比赛。成功的招销只是项目成功的第一步，招销结束后的经营与管理才是项目永续发展的关键。因此，我们编辑这套丛书，希望对商业地产开发的全程操作流程标准化进行一些探索，并特别对商业经营管理和物业管理予以关注，希望为商业地产找到真正的成功之匙。非常之人方能成就非常之事，成功之道注定艰辛，愿与所有地产开发商共勉！

目　录

行政人事管理篇

财务管理制度篇

行政人事管理篇

第一章 人事

第一节 组织与人事管理规定

一、考勤管理规定

1 目的。

为加强公司职工考勤管理，特制定本规定。

2 适用范围。

本规定适用于××国际商业广场管理公司全体员工。

3 管理目标。

3.1 员工正常工作时间为上午8时整至12时整，下午14时整至18时整。根据季节变化，作息时间作出相应改变的，另行通知。

3.2 公司员工一律实行上下班打卡考勤制度。

3.3 所有员工上下班均需亲自打卡，任何人不得代替他人打卡或由他人代打卡，违反此条规定者，第一次，扣发代理人当月工资；第二次，对代理人作开除处理，并扣发被代理人当月工资。

3.4 公司每天安排人员监督员工上下班打卡，每月4号由各部门根据上月考勤结果填制《月份考勤汇总表》，汇总表一式二份，一份交行政人事部备案，一份交财务部审核。财务部据此核发员工工资。

3.5 所有人员须先到公司打卡报到后，方能外出办理各项业务。特殊情况需经主管领导批准，不办理批准手续者，按迟到或旷工处理。

3.6 凡在规定上班时间未到者按迟到论处，超过30分钟者按旷工半天论处。提前下班者按早退论处，超过30分钟者按旷工半天论处。迟到或早退罚款10元/次。

3.7 迟到或早退累计 3 次者视做旷工一天，扣发事假两天工资，在上班时间离岗，请假未续假者按旷工处理，扣发旷工工资。

3.8 员工外出办理业务前须向本部门负责人（或其授权人）声明外出原因及返回公司时间，否则按外出办私事处理。

3.9 上班时间外出办私事者，一经发现，按旷工一天处理。

3.10 员工无故旷工半天者，扣发一天工资，连续旷工两天或累计旷工三天者，给予开除处理。

3.11 员工因公来不及打卡或因疏忽忘记打卡，当天必须由部门主管签字确认，但一个月累计不能超过 3 次（含 3 次）。

4 出差。

4.1 员工因公出差，须事先填写《出差登记表》，部门经理以下人员由部门经理审核后，报分管副总审批；各部门经理出差报总经理审批；高层管理人员出差须经总经理批准，工作紧急无法向总经理请假时，须先在总经理秘书室备案，到达出差地后应及时与公司取得联系。出差人员应于出差前先办理好出差登记手续并交行政人事部备案。凡过期或未填写出差登记表者不予报销出差费用，特殊情况须报总经理审批以决定是否报销。

5 附则。

5.1 本规定由行政人事部制定报总经理审批后实施，修改时亦同。

5.2 本规定解释权属公司行政人事部。

6 相关表格。

6.1 《月份考勤汇总表》。

6.2 《出差登记表》。

二、员工休假管理规定

1 目的。

为使员工保持良好的身体素质和旺盛的精力，努力做好本职工作，并考虑到员工与家属团聚的问题，根据国家有关规定，结合公司的实际情况，特制定本规定。

2 适用范围。

公司全体员工。

3 休假管理。

3.1 员工休假必须服从公司安排，并按规定逐级审批，报行政人事部备案，员工休假由部门主管安排，主管级别由部门经理安排休假，部门经理级别由总经理安排休假。

3.2 员工申请休假须提前填写《假期申请表》，送交行政人事部审核。未接到审批后的《假期申请表》，员工不得擅自休假，否则按旷工处理。因特殊原因本人不能亲自办理请假的，应提前委托他人或电话告假。如事先未提出请假，事后补交病假单之类的一律视为无效。

3.3 行政人事部于每月初将《补休通知单》发给部门主管，各部门主管根据工作需求在3个月内安排员工休假，逾期不休，视为自动放弃。

3.4 员工申请年休假时填写《假期申请表》，其他类型请假填写《员工请假申请表》。

4 休假种类。

4.1 婚假。

员工申请结婚，以领取结婚证为准，婚假假期三天，晚婚假期七天（晚婚条件：女满25周岁，男满28周岁）。

4.2 丧假。

员工的直系亲属（祖父母、父母、配偶、子女，以及依靠本人供养的弟妹、养父母、岳父母、公婆）死亡，给予假期三天。

4.3 产假。

4.3.1 女员工产假按下列标准核准：

假期内容	假期天数	说　明
产假	90天	难产或双胞胎加假15天
晚育假（独生子女假）	105天	年满24周岁生育为晚育

4.4 病假。

4.4.1 员工一年内可享受七天带薪病假，工伤病假除外，带薪病假内（需医院开具病假证明），享受全额工资；一年内累计病假十五天（含七天带薪病假）内，给予发放基本工资；累计病假超过十五天的一律按事假处理，按事假扣除相应工资。

4.5 事假。

员工因私人事务，必须亲自处理的，根据工作安排以及本人的实际需要酌情核准。请事假员工按月度工资÷30天计扣工资。

4.6 年休假。

4.6.1 在公司服务满一年的员工，每年可享受五天年休假；三年以上五年以内的员工可享受七天年休假；五年以上的员工可享受十天年休假。年休假期间工资全额发放。

4.6.2　年休假原则上不能分期使用，确因工作需要分期使用的，经行政人事部批准，可分期使用，跨年度作废。路程假只给一次。

4.7　年休假规定。

4.7.1　享受年休假的几项规定。

4.7.1.1　按国家有关规定享受探亲假、婚丧假、生育假的员工，不影响享受年休假。

4.7.1.2　全脱产学习满一年的员工，不享受当年的年休假；累计学习满半年不满一年的员工，可享受年休假，其假期减半。

4.7.1.3　全年病事假累计超过十五天或工伤假超过二个月的员工，当年不再享受年休假。旷工二天及以上者，当年不再享受年休假。

4.7.1.4　受各类警告以上处分的员工，取消一年的年休假，对个别表现不好或完不成工作任务的员工，各部门领导有权取消其年休假待遇，并上报行政人事部备案。

4.7.1.5　年休假时间的计算包括公休假日，不包括法定假日。

4.7.1.6　凡外单位、外系统调入的人员，从报到之日起，满半年后方可享受年休假。

5　说明。

5.1　本规定报总经理审批后实施，以前有关规定与本规定相抵触的，按本规定实施。执行以后如上级有新的规定，另行通知。

5.2　本规定的解释权属公司行政人事部。

6　相关表格。

6.1　《假期申请表》。

6.2　《补休通知单》。

三、临时人员管理规定

1　目的。

为使临时人员的雇用及管理有所遵循，特制定本规定。

2　人员申请。

各部门有临时性工作（期间在三个月以内），须雇用临时人员时，由部门经理填具《招聘申请表》，注明工作内容、工作时间等呈行政人事部审核，报总经办审批，送人事部门据此招雇。

3　雇用限制。

3.1　未年满16周岁者不得雇用。

3.2 经管财物、有价证券、仓储、销售及会计（除物品搬运、整理及报表抄写工作外）等重要工作不得雇用。

3.3 雇用期不得超过3个月。

4 雇用。

4.1 人事部门招雇临时人员，应填《面谈考评表》经行政人事部经理及相关部门经理核准后雇用。

4.2 临时人员到工时，应填《员工人事资料卡》一份存行政人事部存档。

5 管理。

5.1 临时人员于工作期间可请工伤假、公假、事、病假以及婚、丧假，其请假期间除工伤假外均不发工资。

5.2 临时人员的考勤、出差按照公司相关管理规定执行。

6 终止雇用。

6.1 临时人员于工作期间如不能胜任工作，或违反公司制度的，或以上第5条所列假期（除工伤假外）全月累计超过三天者（含三天）终止雇用。

6.2 工作期满，雇用部门应予终止雇用，经终止雇用的临时人员应按公司相关规定办理移交手续，填写《员工离职交接清单》经主管部门经理核签后连同工牌送交人事部门据此结发工资。

7 延长雇用。

7.1 临时人员雇用期满，如因工作未完成，必须继续雇用时，应由雇用部门重填《招聘申请表》呈行政人事部经理审核，报总经理审批后方可雇用。

8 实施与修改。

8.1 本规定报总经理审批后实施，修改时亦同。

8.2 本规定解释权属公司行政人事部。

9 相关表格。

9.1 《招聘申请表》。

9.2 《面谈考评表》。

9.3 《员工人事资料卡》。

9.4 《员工离职交接清单》。

四、定岗定编管理规定

1 目的。

1.1 为使公司更科学地因事设岗、以岗定人，特制定本规定。

1.2 各部门根据本部门实际工作情况和需要，提出关于本部门岗位设置、人员编制的修改意见，编制本部门组织构架图，确定工作岗位和人员编制，报行政人事部统一审核汇编后，报公司领导批准确定。

2 适用范围。

公司全体部门。

3 定岗定编管理。

3.1 各部门如因本部门情况变动，需改变现有人员编制的，必须填写《编制变动申请表》，由部门经理签字确认，交行政人事部审核，并报公司领导批准后方可变动。

3.2 行政人事部负责对公司各部门人员编制的设置合理性进行调研，发现有不合理的，写出分析报告，填写《编制变动申请表》，提交公司领导批准后予以修正。

4 记录。

5 相关表格。

《编制变动申请表》。

五、试用转正管理规定

1 入职。

1.1 行政人事部人事主管收到公司领导批准的《复试意见反馈表》、《员工工资审批表》后，通知录用人员在规定时间内前来行政人事部报到。

1.2 行政人事部人事主管填写《员工入职通知书》及《上岗通知书》报行政人事经理签发，新员工持《员工入职通知书》、《上岗通知书》在规定时间内到人事部办理好相应入职手续，然后持《上岗通知书》到用人部门报到上岗。上岗前由人事部为其制作考勤卡，并领用工牌。

1.3 人事主管将新员工交齐的资料入档，建立员工个人档案。

2 入职培训。

2.1 岗前培训。

2.1.1 各部门对报到的新员工至少安排一天的岗前培训，主要让新员工熟悉部门及岗位基本情况，部门培训管理员应在新员工到岗的第一天内下发《新员工入职培训清单》，并完成"部门概况"、"岗位知识"的培训，其余各项在一个月内完成，并签名确认。

2.2 强化培训。

2.2.1 行政人事部培训管理员负责新员工的强化培训，考试一般以笔试闭卷方式进行，试题由行政人事部统一命制，考试结果及时通报相关部门及人员，考试不合格者给予一次补考机会，如两次考试均不合格，公司不予聘用。

2.3 如公司进行大批量招聘，新招聘人员由公司组织三天以上的集中入职培训。

3 试用与转正。

3.1 新员工自报到之日起进入试用期，试用期原则上为三个月，期满后公司认为欠满意，但认为有必要继续试用的，可延长试用期，试用期最长不得超过六个月。

3.2 行政人事部在每月中旬填写本月计划转正员工的《员工转正审批表》，交给用人部门负责人。

3.3 用人部门负责人通知新员工填写《新员工试用情况反馈表》，并在《新员工试用情况反馈表》上签署意见，连同《员工转正审批表》、《新员工入职培训清单》一起交到行政人事部，由行政人事部经理填写《员工工资审批表》核定员工转正后的工资标准及福利，并根据入职培训考核结果及试用期工作表现签署意见，报公司领导审批。

3.4 员工转正由行政人事部经理签署意见后，提交公司领导审批。

3.5 人事主管在收到领导批准的《员工工资审批表》后，填写《劳资执行通知书》交财务部，并下发《员工转正通知书》。

4 相关表格。

4.1 《上岗通知书》。

4.2 《员工工资审批表》。

4.3 《劳资执行通知书》。

4.4 《员工转正通知书》。

4.5 《新员工试用情况反馈表》。

4.6 《员工转正审批表》。

4.7 《新员工入职培训清单》。

六、员工编码规定

1 本规定按公司机构图和岗位图来编排，员工编码共七位。

2 首四位码为英文字母，主要是"GHGJ"，表示××国际，是公司名称的缩写。

3 后三位码为员工编码，从001开始依次类推。

4 编码的先后顺序以员工入职的先后顺序进行编定。

5 举例：

GHGJ—001 表示公司的第一位入职员工。

6 编码中没有实际内容的以零表示。

7 本规定由行政人事部制定并负责解释，报总经理批准后实施，修改时亦同。

8 本规定自颁布之日起实施。

七、员工奖惩管理规定

1 目的。

为鼓励和鞭策员工勤奋工作，奋发向上，做出更大成绩；防止和纠正员工的违法失职行为，保证顺利地实现企业和员工的发展目标，特制定本规定。

2 本规定的原则。

2.1 奖惩有据，奖惩分明，有功必奖，有过必惩。

2.2 奖惩依据：一是公司生产经营管理考核指标的完成情况；二是企业的各项规章制度和员工岗位描述的执行情况。

2.3 本制度和员工的绩效考核有机地结合起来，每次奖惩（罚款除外）都将记入员工的个人档案。

2.4 以奖为主，以惩为辅。对员工采取的惩处以"如不惩处将影响优良风纪"为限。

3 基本框架。

3.1 奖励管理。

3.1.1 奖励的意义：

一是使员工得到心理或物质上的满足；二是使员工由此增加工作积极性，从而更加努力工作，创造更好的绩效。

3.1.2 奖励的方式：

奖励的种类：物质奖励、精神奖励、工作本身的奖励。

物质奖励：加薪、奖金、奖品。

精神奖励：通令嘉奖、口头表扬。

工作本身的奖励：职务晋升、调整合适的工作岗位、加大工作任务和扩大工作权限（特别述职）、参与某级别层的决策。

3.2 奖励类别。

按程度不同依次为通令嘉奖、奖金（奖品）、加薪、职务晋升、专项奖、授予荣誉称号。

专项奖金分为服务年资奖、创造奖、功绩奖、全勤奖、伯乐奖、授予荣誉称号、总经理特别奖励。

3.2.1　服务年资奖。员工服务年资满 5 年、10 年、15 年，其服务成绩与态度均属优秀的，分别授予服务 5 年奖、服务 10 年奖、服务 15 年奖。

3.2.2　创造奖。

员工符合下列各项条件之一者，经审查合格后授予本奖。

A. 设计新产品，对本公司作出特殊贡献的；

B. 从事有益业务的发明或改进，对节省经费、提高效率或对经营合理化的其他方面作出贡献的；

C. 所提的提案效果显著的；

D. 在独创性方面尚未达到发明的程度，但对管理技术等业务确有特殊贡献的；

E. 上述各款至少应观察六个月以上，经判断的确效果良好，才属有效。

3.2.3　功绩奖。

A. 从事对本公司有显著贡献的特殊工作的；

B. 对提高本公司的声誉有特殊功绩的；

C. 对本公司的损害能防患于未然的；

D. 遇到非常情况，如灾害事故等，能随机应变，措施得当，具有功绩的；

E. 敢冒风险，救护公司财产及人员脱离危难的；

F. 其他具有优秀品德，可为本公司楷模，有益于公司及员工树立良好风气的。

3.2.4　全勤奖。

员工连续一年未请病、事假或迟到、早退者，经审查后授予全勤奖。

3.2.5　伯乐奖。

A. 推荐自己下属出任本人同级管理职位二人以上，并经公司考核，达到公司要求的；

B. 推荐同级管理人员出任比本人高一级管理职位，并经公司考核，达到公司要求的；

C. 推荐自己下属出任本人同级管理职位，并再次推荐出任比本人高一级管理职位，并经公司考核，达到公司要求的。

3.2.6　授予荣誉称号。

为公司作出特殊贡献，被评为"优秀员工"或"先进个人"者，根据贡献的大小来选择相应的奖励方式。

3.2.7　总经理基金奖。

可因企业实际情况而定。

注：企业可在财务上专设"总经理奖励基金"科目，以上专项奖均由此项列支。奖励事项如为多人共同合作而完成的，其奖金按参加人数以一定的比例分配。

3.3 惩戒。

3.3.1 惩戒的意义：

一是使员工达到及保持应有的工作水准；二是保障公司和员工双方的最高利益。

3.3.2 惩戒的方式。

惩戒的种类可分为违纪过失、责任过失。违纪过失是指员工违反企业有关纪律、规章制度的行为；责任过失是指管理人员因失职而使自己负有直接责任和领导责任的部分工作受到损失的行为。

3.3.3 惩戒的方式：罚款、降薪、降职（免职）、辞退、开除。

罚款：根据所犯过失行为的程度划分罚款级别和额度，不能既罚又打，即罚款后不作行政处分。

其他惩戒方式参照《员工手册》奖惩标准执行。

3.4 员工绩效考评结果奖惩。

年终员工绩效考评分为五级制：卓著、良好、达到要求、有待改进、不能胜任。

A. 卓著：按月基本工资的 1~5 倍予以奖励。

B. 良好：按月基本工资的 1~2 倍予以奖励。

C. 达到要求：不奖不罚。

D. 有待改进：按降职或降薪予以惩戒。

E. 不能胜任：按辞退、开除予以惩戒。

4 奖惩的方法。

奖惩均实行积分制。即每个奖惩项目都有自己的分值，奖励项目为正分，惩戒项目为负分，累计若干分对应相应的奖惩等级从而实施奖惩。

5 奖惩的客体。

奖惩的客体分为工作项目、纪律项目。工作项目以公司考核标准中的经营管理指标为准，纪律项目以公司管理标准中员工奖惩管理规定的项目为准，奖惩处理按本规定实施。

6 奖惩的程序。

6.1 奖励和行政处分的程序。

直接上级或检查人或见证人根据被奖励人（被惩戒人）的行为向其部门经理提出奖励（惩戒）建议，部门领导核查后提出奖励（惩戒）申请交至行政人事部，行政人事部进行核实并提出奖励（惩戒）内容，并填写《嘉奖（处分）审批表》，视奖项（惩项）和奖励（惩戒）审批权限逐级审批。审批人批准后由行政人事部具体执行，将《嘉奖通知书》或《惩戒通知书》送至被奖励人（被惩戒人）的直接上级处，由直接上级落实被奖励人（被惩戒人）签字事宜，《嘉奖通知书》或《惩戒通知书》留被奖励人（被惩戒人）一份，存根还回行政人事部，行政人事部负责将奖励（惩戒）事项通知财务部，同时将奖励（惩戒）记入本人的人事档案，以备年终绩效考核使用。

6.2 罚款处理的程序。

直接上级或检查人直接开具罚款单，一式三份，说明被罚款员工和事由，一份交当事人，一份交财务部，一份留存行政人事部。当事人必须在 48 小时内向财务部交纳罚款，否则从当事人工资中双倍扣除。

注：员工如对惩戒不服可向直接上级或分管副总投诉。

7 奖惩的权限。

依企业实际情况而定〔建议主管级别（含）以上的管理人员都有权力处理一定的奖惩事项〕。

8 奖惩的管理。

8.1 员工奖惩管理工作由行政助理领导。

8.2 员工奖惩管理的核实和手续办理由行政人事部统一归口管理。

8.3 员工奖惩工作，在行政人事部的业务指导下进行，并做好配合工作。

9 颁布与执行。

9.1 本规定报总经理批准后实施。

9.2 公司既有的规章制度如有与本规定相抵触的，以本规定为准。

9.3 本规定自发文之日起实施。

10 相关表格。

10.1 《嘉奖（处分）审批表》。

10.2 《嘉奖通知书》。

10.3 《惩戒通知书》。

八、员工聘用工作管理规定

1 编制。

公司各部门必须制定人员编制，编制的制定和修改必须由总经理批准，各部门用人必须控制在编制范围内。

2 人才来源。

公司需增聘员工时，优先从内部适合的、优秀的员工中选拔，并提倡公开从社会上的求职人员中择优录用。

3 关系推荐。

公司接受关系单位引荐。被引荐人员入职后与其他员工一视同仁；若因违反公司制度被解雇，则取消引荐人的引荐资格。

4 亲属关系。

公司各级管理人员不得将自己亲属介绍、安排到本人所分管的部门工作。

5 人员录用。

5.1 公司所有人员招聘，必须通过行政人事部考核合格后，方能办理入职手续。

5.2 所有应聘人员，除总经理特批可免予试用期外，必须经过三个月的试用期后才可考虑聘为正式员工，个别表现突出的员工，可提前转正，但试用期不得少于一个月。

5.3 所有人员带齐以下证件，方可办理入职手续，由公司统一发放并填写完整的《员工人事资料卡》（必须贴有近照）。

6 证件。

6.1 身份证、学历证书、职称证明等复印件、个人简历、近期相片三张、体检证明（市级医院）、劳务证、计生证等。

6.2 面试或笔试相关记录。

7 担保书。

7.1 财务人员、业务员、司机、防损人员、收银员、顾客服务员需拥有户籍的人作担保，填写担保书，收取担保人身份证、户口本复印件。

8 转正。

8.1 聘用人员经试用考核合格后，可转为正式员工，或根据其工作能力和岗位重新确定职级等，享受正式员工的相关待遇；试用考核不合格者，可延长试用期或决定不予聘用，对于不予聘用者，公司予以辞退且不计发任何补偿费。

9 开除。

9.1 任何部门对于给予开除处理的员工，应由其部门经理提交开除报告给予行政人事部，其部门经理对开除员工有建议权，但没有决策权。行政人事部根据报告内容，核实报告内容的真实性与公正性，然后根据审核结果对其进行相应处理，报总经理审批后执行。

10 归档。

10.1 公司所有人员的正式聘用合同及担保书等全部资料，由行政人事部统一归档保存。

11　相关表格。

11.1　《员工人事资料卡》。

11.2　《担保书》。

11.3　《服务自愿书》。

九、员工培训管理规定

1　目的。

为巩固、提高员工的工作技能，增强职业道德观念，保证公司的正常运作。

2　适用范围。

公司全体员工。

3　职责。

3.1　副总经理、行政人事部经理：

3.1.1　负责公司年度培训计划的审批。

3.1.2　监控公司培训计划的实施。

3.1.3　检查公司培训管理员的组织、管理工作。

3.1.4　评估公司培训实施效果。

3.1.5　提供培训资源。

3.2　公司各部门经理、负责人：

3.2.1　负责各部门年度培训计划、月度培训计划的审批。

3.2.2　监控部门培训计划的实施。

3.2.3　检查部门培训管理员的组织、管理工作。

3.2.4　评估部门培训实施效果。

3.2.5　为公司、本部门提供培训资源。

3.3　人事主管：

3.3.1　负责审批各部门年度培训计划、月度培训计划。

3.3.2　负责对公司、部门培训管理员工作进行指导、评估、考核。

3.3.3　监控公司、部门培训计划的实施。

3.3.4　调配公司培训资源。

3.3.5　参与授课。

3.4　公司培训管理员：

3.4.1　负责全体管理人员培训工作的策划、组织及对各部门培训工作进行指导和监督。

3.4.2　负责合理分配公司的资源。

3.4.3 负责收集、归纳行业信息，准备必要的教材。

3.4.4 负责组织、评估公司培训计划的实施。

3.4.5 负责组织和实施新员工的强化培训、考核。

3.4.6 负责组织对公司管理人员的培训考试、培训考核，保存管理人员的考核记录。

3.4.7 负责组织外送培训。

3.4.8 负责对部门培训管理员工作进行指导、评估、考核。

3.4.9 参与授课。

3.4.10 负责保存培训记录、考核资料、员工培训档案。

3.5 公司各部门培训管理员：

3.5.1 负责本部门培训工作的策划、组织、实施。

3.5.2 负责组织本部门人员参加公司组织的培训。

3.5.3 负责组织本部门新员工的岗前培训。

3.5.4 负责组织、评估本部门培训计划实施情况。

3.5.5 负责组织培训考核。

3.5.6 负责每月的培训工作总结，以报告的形式交公司培训管理员处存档。

3.5.7 参与授课。

3.5.8 负责保存培训记录、考核资料、员工培训档案。

3.6 部门主管：

3.6.1 负责对其下属进行职业道德、行业规范、专业技能等方面的培训。

3.6.2 负责新员工的岗前培训。

3.6.3 参与授课。

4 运作。

4.1 培训计划制订。

4.1.1 公司年度培训计划。公司培训管理员于每年 12 月 20 日前制订好下一年度的"年度培训计划"，并下发给各管理处。年度培训计划要紧密结合公司下一年度的工作目标、工作计划，合理分配公司资源。年度培训计划的主要内容应包括：培训目的；培训对象；培训时间、地点；培训课程设置；培训讲师；培训考试、考核。

4.1.2 各部门年度培训计划。部门培训管理员于每年 12 月 25 日前负责制订好下一年度的"部门年度培训计划"，制订部门的年度培训计划时应参照公司的年度培训计划，合理利用公司资源。

4.1.3 公司月度培训计划。每月 25 日前，公司培训管理员根据年度培训计划，召开培训管理员会议，与各部门培训管理员共同制订月度培训计划。月度培训计划的内容应包括：培训对象；培训内容；培训时间、地点；考核方法等。

4.1.4 各部门月度培训计划。每月 28 日前，部门培训管理员根据各部门年度培训计划，参照公司的月度培训计划，制订好本部门的月度培训计划。

4.2 培训计划更改。公司的培训计划发生更改时，公司培训管理员应将更改的项目填写在《培训计划表》更改栏内，由行政人事部经理批准。各部门培训计划发生更改时，部门培训管理员应将更改的项目填写在《培训计划表》更改栏内，由部门负责人批准。

4.3 培训计划批准。

4.3.1 公司年度培训计划。经行政人事部经理审核，报副总经理批准后发给各部门，公司培训管理员、部门培训管理员负责备案。

4.3.2 各部门年度培训计划。经部门负责人审核，报人事主管批准后，公司培训管理员、部门培训管理员负责备案。

4.3.3 公司月度培训计划。报行政人事部批准后发给各部门，公司培训管理员、部门培训管理员负责存档。

4.3.4 各部门月度培训计划。经部门负责人审核后，报人事主管批准，公司培训管理员、部门培训管理员负责存档。

4.4 培训种类、责任部门（人）。

4.4.1 入职培训。包括岗前培训及强化培训。

4.4.1.1 入职培训内容包括：

▲公司概况、组织架构及经营理念介绍。

▲《员工手册》讲解。

▲公司现运行的管理体系文件说明。

▲职业道德，行业规范，礼貌礼仪讲解。

▲消防知识、安全管理培训等。

4.4.1.2 岗前培训由员工所属部门的部门培训管理员负责安排该员工直属上级对其进行岗前培训，《新员工入职培训清单》所规定的项目必须在试用期内完成，部门培训管理员及岗前培训实施人需签名确认。

4.4.1.3 新员工的强化培训考试，必须在新员工的试用期内完成。由公司培训管理员出题、监考、评卷，考试结果由公司培训管理员负责存档。

4.4.2 在职培训。

4.4.2.1 员工培训量、考试量的设置。公司组织的理论培训全年 8 次，各部门组织的理论培训全年 16 次；员工参加公司组织的考试 2 次，参加部门组织的考试 6 次。

4.4.2.2 管理人员培训量的设置。以进入公司的年限为规划标准（注：培训课程是指列入年度培训计划中的培训课程）。

进公司年限	培训次数	备 注
一年内	全年6次	不包括入职培训 不包括公司年度计划外规定的管理人员必须参加的培训
一年至三年	全年4次	不包括公司年度计划外规定的管理人员必须参加的培训
三年以上	全年2次	不包括公司年度计划外规定的管理人员必须参加的培训

4.4.2.3 对各部门员工培训量的规划。各部门员工除参加公司计划内的培训外，还必须参加部门安排的相关培训。各部门员工必须参加部门组织的培训，并参加相应的考试考核。安全员每星期参加不少于2次实操训练。

按不同岗位设定部门全年培训量：

岗 位	理论培训	实操培训	备 注
管理人员	8次		不包括公司组织的培训
员 工	8次	不少于2次/月	不包括公司组织的培训

4.4.2.4 按不同岗位规定培训考核的次数：

岗 位	责任部门/考核次数	必须参加的考核、考试
管理人员	公司/半年2次	半年1次
员 工	各管理处/不限次数	半年3次

4.4.3 （调）升职培训。由该（调）升职员工所属部门培训管理员安排该（调）升职员工的直接上司负责，培训记录由各部门负责存档。

4.4.4 外送培训。部门负责人填写《外请（送）培训审批表》，公司培训管理员负责报行政人事部经理、副总经理审批，并负责培训报名等工作。

公司安排员工参加社会培训机构的培训，由公司培训管理员填写《外请（送）培训审批表》，经公司领导审核、批准后，组织员工外送培训。受训人员须获得有关培训结业证书或提交受训报告报行政人事部经理和副总经理审阅。公司培训管理员填写《岗位证书登记表》附培训合格证书复印件，将《外请（送）培训审批表》、受训报告等资料存档。

公司安排的参观、考察等培训，受训人员接受培训后向副总经理、行政人事部经理或相关员工做汇报，书面受训报告交公司培训管理员处存档。

4.5 员工培训记录。

4.5.1 公司培训管理员负责填写公司本部人员的《员工培训记录表》。

4.5.2　部门培训管理员负责填写本部门员工的《员工培训记录表》。

4.6　培训档案。按照《文件档案管理规定》中档案归档的要求，由公司培训管理员、部门培训管理员分别对公司、部门培训档案进行整理、保存。

5　师资管理。

5.1　内部师资管理。

5.1.1　公司领导、部门经理、公司选拔的培训教师为公司内部培训教师。

5.1.2　公司领导每年讲授公司组织的培训课不少于 2 次，部门经理每年讲授公司组织的培训课不少于 3 次，其他培训教师由公司培训管理员安排授课。

5.1.3　公司培训管理员根据培训计划与培训教师沟通确定培训时间、地点、内容、受训人员等。

5.1.4　培训教师必须于授课前三天提交培训教案，公司培训管理员负责审核，并印发培训资料。

5.1.5　培训教师授课效果评估。培训管理员通过现场发放《培训效果及意见征询表》，评估培训教师的培训质量，评估结果由培训管理员存档，作为培训教师业绩考核的依据。

5.2　外部师资管理。需要外请教师授课时，由公司培训管理员填写《外请（送）培训审批表》，经行政人事部经理审核，副总经理批准后实施。培训结束，由培训管理员发放《培训效果及意见征询表》，评估培训教师的培训质量。

6　培训监督管理。

6.1　监督公司组织的培训。

6.1.1　行政人事部经理对公司培训工作进行控制，合理调配公司各部门的培训资源，监督人事主管的培训管理工作。

6.1.2　人事主管监督培训管理员培训计划的实施。

6.1.3　公司培训管理员组织培训计划的具体实施。

6.2　监督部门组织的培训。

6.2.1　公司人事主管监督、指导各部门培训的实施情况。

6.2.2　部门负责人监督部门培训管理员培训计划的具体实施，并调配培训资源。

6.2.3　部门培训管理员于每月 5 日前，将上月培训实施情况总结报告交给公司培训管理员处存档。

7　培训考核。

7.1　对公司领导、部门经理的考核。由行政人事部经理、人事主管根据培训职责要求不定期检查公司领导、各部门经理培训职责的履行情况。

7.2　对人事主管的考核。由行政人事部经理根据培训职责要求对人事主管的培训管理工作进行检查。

7.3 对培训管理员的考核。

7.3.1 制订的培训计划是否具有前瞻性、针对性、可操作性。

7.3.2 实施培训计划时，事先的组织安排、现场的控制、现场的协调是否合理有序。

7.3.3 是否按档案管理要求存档，培训档案中是否有员工培训档案记录或记录是否完全或受训人签到记录是否完全。

7.3.4 月培训计划中规定的课程是否进行，是否在当月培训计划备注栏中注明未完成原因。

7.3.5 培训档案资料是否虚假，培训计划是否虚报。

7.4 对培训教师的考核。

7.4.1 培训教师备课工作是否充分。

7.4.2 培训教师对课堂气氛是否控制有序。

7.4.3 培训档案中是否有培训课程的教案。

7.4.4 公司选聘的培训教师，参加公司委派授课三次以上，公司发放奖励通知书一张。

7.5 对受训者的考核。

7.5.1 管理人员培训考核方式由行政人事部经理决定。考核结果分"合格"和"不合格"两种，考核不合格者给予一次补考机会，补考不合格者，由行政人事部提交名单交总经理办公会处理。部门培训考核办法参照执行。

7.5.2 公司组织的培训已规定了参加人，未请假的人员将纳入绩效考核。

7.5.3 公司组织的培训，对无故迟到、早退者以旷课处理，累计三次者将纳入绩效考核。

7.6 培训工作的年终绩效考核。

7.6.1 公司年度培训计划规定的课程是否有未完成项；部门年度培训计划规定的课程是否有未完成项。

7.6.2 培训教师或其他人员以书面形式提出合理化建议是否被采纳，协助并参与公司开发培训课程。

7.6.3 是否按公司规定完成全年培训量及培训考核量。

7.7 月度/年度培训考核报告。人事主管和培训管理员对个人或部门在月度/年度培训考核中绩效考核的情况报行政人事部经理批准。

8 相关表格。

8.1 《培训计划表》。

8.2 《外请（送）培训审批表》。

8.3 《培训效果及意见征询表》。

8.4 《岗位证书登记表》。

8.5 《新员工入职培训清单》。

8.6 《新员工试用情况反馈表》。

8.7 《员工培训记录表》。

十、任免与调配管理规定

1 目的。

为规范公司人员变动管理。

2 适用范围。

公司所有人员。

3 调配。

3.1 员工调配必须以公司定编指标为依据，由用人部门申报《人员需求表》给行政人事部审核，公司领导批准。

3.2 跨部门调动由行政人事部开出《内部调动函》，留下"存根联"作为调动依据，将"调出部门联"和"调入部门联"发给调出部门和调入部门。

3.3 调出部门接到行政人事部发出的《内部调动函》后，该部门的人事管理员凭"调出部门联"办理相应的工作交接手续，填写《岗位交接清单》。

3.4 调动人员凭"调入部门联"到调入部门报到时，调入部门的人事管理员为其办理相关手续。

3.5 属转岗或升职的调动人员在其报到后由部门负责人通知培训管理员为其安排岗位引导人，使调职人员尽快熟悉新环境及新岗位。调职培训考核应在调职后一个月之内完成，培训考核记录由各部门保存。当考核结果显示该人员不能适应新工作岗位时，部门经理应将处理意见及考核结果提交行政人事部，行政人事部核实后提交公司领导做出决定。

3.6 部门内部人员在相同岗位之间的调配由各部门自行掌握。

4 任免。

4.1 任免权限。

4.1.1 公司级领导的任免及任职转正由董事会决定。

4.1.2 部门经理级的任免由公司领导集体讨论决定，报总经理批准。

4.1.3 任免由行政人事部填写《职务任免审批表》，经部门经理签署意见后报总经办。

4.1.4 总经办收到《职务任免审批表》后，检查表格填写是否完整，必要时可到部门进行考察后签署意见，确定调职培训日期，并根据其职务确定其工资标准及福利待遇后报公司领导审批。

4.1.5　经审核不符合条件者退回原部门，符合条件者，上报审批。

4.2　人事主管收到批准后的《职务任免审批表》、《员工工资审批表》后，填写《劳资执行通知书》送交财务部作为调整工资的依据。

4.3　拟升职员工在试用期期间由其直接上司负责培训，使该员工了解拟晋升职务的职责及权限，并提高专业知识、技能及管理技巧。培训记录由各部门存档。

4.4　升职试用期为三个月，试用期满后办理转正手续，流程按新员工转正程序执行。由其部门负责人填写转正意见，行政人事部在必要时可对其试用情况进行考察，并审核该员工升职培训、考核记录，签署意见后报公司领导批准。

5　工作交接。

5.1　拟调人员接到调动通知后，应及时办理工作交接手续。

5.2　移交人和接交人在办理交接手续时，由各自工作岗位的直属上级或部门经理在场监督。

5.3　交接结束后，由接交人填写《岗位交接清单》，并由移交人、接交人和监督人同时签名确认。

5.4　监督人签名后需复印两份，移交人和接交人各存一份，原件交部门经理处留存。

6　相关表格。

6.1　《人员需求表》。

6.2　《职务任免审批表》。

6.3　《员工工资审批表》。

6.4　《内部调动函》。

6.5　《岗位交接清单》。

6.6　《劳资执行通知书》。

十一、离职管理规定

1　目的。

为规范公司员工离职手续的办理。

2　适用范围。

公司全体员工。

3　离职审批权限。

公司员工离职均由行政人事部审核，公司领导批准。

4　辞职。

4.1　各级人员辞职时间要求：

4.1.1　普通员工须提前30天向所在部门提出申请。

4.2　辞职人员填写《辞职申请表》，由部门负责人审批后报人事主管审核，公司领导批准。

4.3　申请辞职的人员在申请没有获得批准前，必须坚守岗位，服从部门管理，否则以擅自离开岗位处理，按自动离职论处。

4.4　辞职得到批准后，经过规定的时限后，部门发给《员工离职交接清单》，办理离职交接手续。

5　辞退。

5.1　公司有权对有下列情况之一者予以辞退，无须事先通知：

5.1.1　试用期间不符合录用条件的。

5.1.2　严重违反公司管理制度、规定和职业道德的。

5.1.3　被依法追究刑事责任的。

5.2　各部门填写《离职申请表》，并写明辞退员工的具体原因和情况，报行政人事部经理审核和公司领导批准后，由行政人事部签发《辞退通知书》。被辞退人员签收后在规定时间内办理好离职手续。

5.3　员工合同期满，公司不再与其续约，由行政人事部签发《终止劳动合同通知书》，由本人签收后在规定时间内办理好离职手续。

6　离职手续。

离职人员必须办理好交接手续后方可离开部门，具体手续如下：

6.1　办理工作交接手续。

6.2　归还所借公款。

6.3　归还办公用品。

6.4　交还公司发放的工作证、工作牌、出入卡及有关证件和物品。

6.5　员工须交还公司所发工作服。

6.6　住公司宿舍的员工必须及时办好退房手续。

6.7　财务部负责填写《工资结算单》。

6.8　行政人事部审核《工资结算单》并报公司领导审批后，交财务部办理有关工资结算手续。

7　相关表格。

7.1　《离职申请表》。

7.2　《辞退通知书》。

7.3 《终止劳动合同通知书》。

7.4 《员工离职交接清单》。

7.5 《工资结算单》。

十二、招聘录用管理规定

1 总则。

1.1 目的。

为加强公司员工队伍建设，提高员工基本素质，得到公司发展所必需的优秀人才，特制定本规定。

1.2 原则。

公司招聘员工应以用人所长、容人之短、追求业绩、鼓励进步为宗旨；以面向社会、公开招聘、全面考核、择优录用为原则；从学识、品德、能力、经验、体格、符合岗位要求等方面进行全面审核。

2 招聘流程。

2.1 提交需求。公司各部门根据用人需求情况，由各部门经理填写《人员需求表》报公司行政人事部，行政人事部将《人员需求表》汇总审核。编制内员工招聘报公司领导批准，编制外员工招聘需由用人部门填写《编制变动申请表》报公司领导批准后，连同《人员需求表》报行政人事部；部门经理级以上员工招聘报总经理批准。

2.2 招聘计划。公司行政人事部和各部门根据招聘需求，制订详细的招聘计划，并填写《招聘计划表》。招聘计划应主要包括人员需求、信息发布时间和渠道、招聘小组成员、选拔方案及时间安排、招聘费用预算、招聘工作时间表等内容。

2.3 材料准备。

2.3.1 招聘广告：招聘广告包括本企业的基本情况、招聘岗位、应聘人员所需的基本条件、报名方式、报名时间、地点、报名需带的证件、材料以及其他注意事项。

2.3.2 公司宣传资料：宣传资料应能体现公司的真实状况及发展前景，并发给初试的人员。

2.3.3 测评材料：附录和专业技术能力测试题（由用人部门制定）。

2.4 招聘渠道选择。

2.4.1 公司招聘的主要渠道有：参加人才交流会、内部员工推荐、网上招聘、刊登报纸广告等。

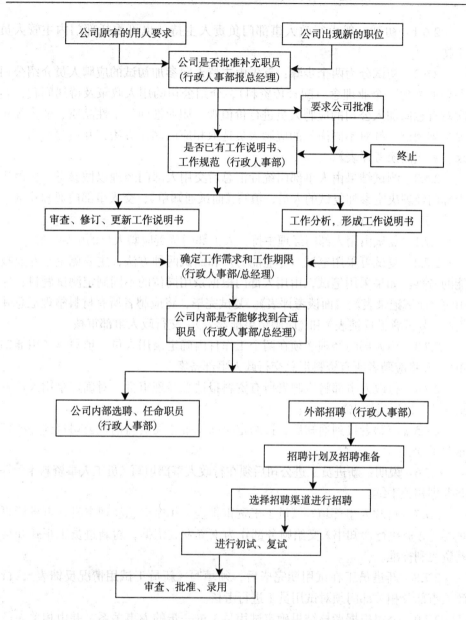

2.5 初步筛选。前来应聘的人员需填写《应聘人员履历表》，人事部门对应聘人员资料进行整理、分类，并交给各用人部门经理。用人部门经理根据资料对应聘人员进行初步筛选，确定面试人选，填写《面试通知单》，并将应聘人员资料及《面试通知单》送交人事部门，由人事部门通知人员面试。

2.6 初试。

2.6.1　初试一般由行政人事部门负责人主持，也可委托部门内主管人员主持。

2.6.2　初试分为两个步骤：首先由主持人向参加初试的应聘人员介绍公司的企业文化、企业理念（配宣传资料），介绍公司的用人政策及待遇问题；其次对有意向加入公司的应聘人员进行价值观、职业性向、个性品质、能力等相关基础测试，针对不同岗位的应聘人员选取相应的测评方法，并填写《面试记录表》、《面谈考评表》。

2.6.3　测试结果由人事部门统计汇总后交用人部门经理以做参考，并由用人部门经理决定参加复试的人员，填写《面试通知单》，交人事部门通知复试。

2.7　复试与录用。

2.7.1　复试由用人部门经理主持，人事部门负责应聘人员的引导工作。

2.7.2　复试可采用笔试（专业能力）和面试两种方法，主要侧重于专业技能的考察。如果采用笔试，由用人部门根据录用岗位的不同制定测试题目，并填写《面试记录表》、《面谈考评表》。复试完毕，将应聘者所有材料整理汇总并填写《复试意见反馈表》和《应聘结果推荐表》，交行政人事部审核。

2.7.3　用人部门经理必须在两个工作日内确定录用人员，填写《录用通知单》，并将应聘者所有资料汇总交行政人事部备案。

2.7.4　行政人事部将应聘者所有资料报请总经理审批，对确定录用人员发出《员工报到通知书》。

2.7.5　应聘者接到通知后，按约定时间携带相关资料前往公司报到并办理相关手续。

2.7.6　说明：新进员工进公司后须在行政人事部填写《员工人事资料卡》等并办理相关手续。

2.7.7　行政人事部填写《员工工资审批表》并提交总经理审批，审批后再填写《劳资执行通知书》交给财务部作为工资发放依据，对新进员工正式知会薪资福利标准。

2.7.8　新进员工在试用期完毕后，须填写《新员工试用情况反馈表》，行政人事部及相关部门须对试用员工进行考核。

2.7.9　公司根据考核结果确定试用员工进一步的人事关系，并由相关人员办理相关手续（如填写《员工转正通知书》）。

2.8　招聘要求。

2.8.1　为体现公司"以人为本"的管理理念，原则上初试和复试工作应在一个工作日内完成。确因面试工作量大，可由用人部门经理和行政人事部协商确定初试和复试的间隔天数。

2.8.2 行政人事部必须在复试后三个工作日内将复试结果通知应聘人员，并向应聘人员说明：在规定时间内没有收到公司录用通知即可视为没有被录用。

2.8.3 行政人事部负责面试的组织和协调工作。

3 招聘测评体系。

3.1 价值观测试。

3.2 心理压力测试。

3.3 心理倾向测试。

3.4 气质类型测试。

3.5 管理人员面试题库。

3.6 通用题库。

3.7 对于不同招聘对象测试方法选择。

3.7.1 主管级或主管级以上干部：价值观测试 + 技术测试 + 心理压力测试 + 管理人员面试题库。

3.7.2 普通员工（包括应届毕业生）：价值观测试 + 技术测试 + 通用题库。在进行上述测试以外，各部门也可根据实际情况开展其他类型测试；若公司对招聘对象情况熟悉的，测试可简化处理。

3.8 应聘人员专业技术能力测试由各单位用人部门负责出题，并交行政人事部备案。题型可采用选择题、判断题、问答题、案例分析等。题目内容应紧密结合实际，与公司发展需要相联系，并适时修改（最长为一年）。

4 本规定由公司行政人事部负责解释。

5 相关表格。

5.1 《人员需求表》。

5.2 《招聘计划书》。

5.3 《应聘人员履历表》。

5.4 《面试通知单》。

5.5 《面试记录表》。

5.6 《面谈考核表》。

5.7 《复试意见反馈表》。

5.8 《应聘结果推荐表》。

5.9 《录用通知单》。

5.10 《员工报到通知书》。

5.11 《员工人事资料卡》。

5.12 《员工工资审批表》。

5.13 《劳资执行通知书》。

5.14 《新员工试用情况反馈表》。

5.15 《录用通知书》。

5.16 《离职申请表》。

5.17 《停薪通知书》。

第二节　组织与人事管理制度

一、组织管理制度

1　机构设置。

详见组织架构图。

2　机构职能范围。

2.1　董事会。

A. 决定和批准合作公司提出的重要报告。

B. 批准年度财务收支预算与年度利润分配方案。

C. 讨论通过本公司的重要规章制度。

D. 订立劳动合同。

E. 决定设立分支机构和投资开发新项目。

F. 讨论通过本公司章程的修改。

G. 决定总经理、副总经理、总会计师等高级职员的聘用。

H. 负责合作公司合作终止和期满时的清算工作。

I. 其他应由董事会决定的重大事宜。

2.2　总经办。

A. 总经办包括：总经理、副总经理、总经理助理、总经理秘书等。

B. 执行董事会决议，主持全面工作，保证经营目标的实现，及时、足额地完成董事会和集团公司下达的利润指标。

C. 在总经理领导下，负责组织安排总经办公会议议程，并做好会议记录，发布会议纪要，检查落实执行情况。

D. 组织实施经董事会批准的公司年度工作计划和年度财务预算报告及利润分配、使用方案。

E. 负责协调各部、室共同办理的综合性工作，安排全场性会议。

F. 组织实施经董事会批准的新项目。

G. 组织指导公司的日常经营管理工作，在董事长委托权限内，代表公司签署有关协议、合同、合约等和处理相关事宜。

H. 决定组织体制和人事编制，决定各职能部门高级职员的任免、薪酬、奖惩，建立健全公司统一、高效的组织体系和工作体系。

I. 根据经营管理需要，有权聘请专职或兼职法律顾问、经营管理顾问、技术顾问，并决定其薪酬。

J. 决定对成绩显著的员工予以奖励、调资和晋级，对违纪员工予以处分，直至辞退。

K. 审查批准年度计划内的经营、投资、改造、基建项目和流动资金贷款、使用贷款担保的可行性报告。

L. 健全财务管理制度，严格财经纪律，搞好增收节支的开源节流工作，保证现有资产的保值和增值。

M. 搞好员工的思想政治工作，加强员工队伍建设，建立一支作风优良、纪律严明、训练有素的员工队伍。

N. 坚持民主集中制原则，发挥"领导一班人"的作用，充分发挥员工的积极性和创造性。

O. 加强企业文化建设，搞好社会公共关系，树立公司良好的社会形象。

P. 加强廉政建设，搞好精神文明建设，支持各种社团组织工作。

Q. 其他日常经营相关工作事宜。

2.3　行政人事部。

A. 主管政务、管理事务、搞好服务，为公司提供和培训合格的人才，并对人力资源进行科学管理。

B. 组织召集公司的重大会议、专题会议。

C. 管理公司行政业务，统筹管理办公安全及保密监督等工作。

D. 管理公司后勤事务，并使公司运作规范化。

E. 协调公司各部门之间的关系，促进合作，提高工作效率。

F. 参与制定公司发展规划和完善管理模式。

G. 处理公司的法律事务。

H. 检查监督公司规章管理制度的执行情况，保证建立良好的工作秩序。

I. 督促做好本部门文件资料的保存和归档工作。

J. 组织人员招聘、面试、考核、上岗。

K. 奖励和奖惩：提出奖罚建议，执行奖罚规定。

L. 检查：检查员工手册和规章管理制度执行的情况。

M. 劳资管理：考勤、工资、福利。

N. 培训：岗前培训、企业培训、素质培训、专业技术培训、制度培训等。

O. 考核：绩效考核。

P. 挖掘人才，选拔人才。

Q. 其他相关事宜。

2.4 财务部。

A. 负责公司日常财务核算，参与公司经营管理。

B. 根据公司资金运作情况，合理进行调配，确保公司资金正常运转。

C. 收集公司关于经营活动情况、资金动态、营业收入和费用开支方面的资料并进行分析、提出建议，定期向总经理汇报。

D. 组织各部门编制收支计划，编制公司的月、季、年度营业计划和财务计划，定期对执行情况进行检查分析。

E. 严格财务管理，加强财务监督，督促财务人员严格执行各项财务制度和财经纪律。

F. 负责公司各项财产的记录、核对、抽查工作，按规定计算折旧费用，保证资产的资金来源。

G. 参与公司对外经济合同的签订工作。

H. 负责公司现有资产的管理工作。

I. 编制经营报告资料，协助建立单元成本、标准成本，核算效率奖金，汇总年度预算资料。

J. 有关收入单据审核及账务处理，各项费用支付审核及账务处理，应收账款账务处理，总分类账、日记账簿处理，财务报表及会计科目明细表。

K. 统一发票自动报缴作业，盈利事业所得税核算及申报作业，营、印税冲退作业及事务处理，资金预算作业，财务盘点作业。

L. 会计意见反映及督促，税务及税法研究。

M. 完成领导交办的其他工作。

2.5 电脑信息部。

部门本职：负责公司电脑设备及 POS/ERP 信息系统的日常维护与管理，负责提供统计数据为商场各部门服务。

主要职能：

A. 负责公司所有电脑及其外部设备的入场管理。

B. 负责电脑设备购进计划、维护、升级、折旧报批等工作。

C. 负责管理公司电脑 POS/ERP 信息系统，负责监督各部门电脑使用情况，并给予必要的技术支持和培训服务。

D. 负责建立和维护数据库，提供公司决策所需要的各种统计分析报表。对数据库进行信息挖掘，提供更深入的进行中长期决策事务的相关性分析报告。

E. 根据公司业务发展需要，依靠电脑信息部自身技术力量，不断完善和提高商场 POS/ERP 信息系统，以满足不断增长的经营管理需要。

F. 在建立健全商场 POS/ERP 信息系统的基础上，建设和发展公司网站及电子商务系统，建立网上 B2B 及 B2C 商务系统，拓宽商场的业务渠道及信息渠道，提高公司综合竞争力。

G. 负责商场所有商品信息的系统录入工作。

2.6 营运中心。

招商客服部：负责商场的招商工作，合理规划布局及调整。制定相关招商政策。开发商业资源，建立上游、下游商业渠道。

主要职能：

A. 负责商场的卖区规划、楼面布局、品牌布局。

B. 负责商城市场调查与市场分析，建立商城业务信息库。

C. 负责后备品牌及商户的储备、引进。

D. 负责收集商户信息，对其经营状况进行分析预测，为做好品牌、品牌商户的优化管理提供科学的依据。

E. 负责制定商场招商合同文本。

F. 负责制定商场的招商政策、合作方式。

G. 负责制定及组织实施商场业务谈判程序。

H. 负责各项业务合同的建立、查询合同档案。

I. 定期检查合同执行情况，完善合同基本条款。

J. 负责各项业务合同的签订、变更、执行、终止。

K. 负责商户、品牌的引进、培育及对经营者进行指导和培训。

L. 负责品牌商和品牌的优化管理工作。

M. 协助市场办进行对商户或品牌的进退场和撤柜工作。

N. 负责商场租售或联营经营的租金、利润和费用的测算，公司经营指标的制定、分解及考核。

营销企划部：负责策划企业及产品形象。

主要职能：

A. 负责公司经营战略、营销筹备和竞争策略的策划实施。

B. 负责公司整体形象的推广、宣传和监控。

C. 主持重要的公关专题活动。

D. 负责公司全年营销策划工作的制定及执行。

E. 负责商户文化活动的策划。

F. 对公司形象进行监测，定期制定顾客调查表，呈交统计分析报告。

G. 对视觉策划和陈列推广效果进行监控。

H. 完成公司大型庆典、宣传活动的组织策划。

I. 与各媒体、广告部建立良好合作关系，组织策划各种营销活动的报道。

J. 对商场装饰及对外媒体宣传进行视觉策划、设计，并进行效果监督（内容有：电视、报纸、杂志及赠品活动、商品展示、印刷品、流动广告、橱窗等）。

K. 负责商场氛围的营造。

L. 负责监控和完善商场 VI 系统（视觉识别系统）。

M. 参与审核商场内外设施装修、装饰效果。

N. 负责商场内外公共区域的广告开发与管理，审定商户内各广告位计划并监控其效果。

O. 负责公司内部刊物的编辑发行。

P. 负责公司重大事件、活动的记录、整理、归档工作。

现场管理部：负责商场日常状况的维护及商品陈列、环境卫生、员工行为的现场管理及防损工作，商场的顾客服务、广播、咨询、VIP 系统的管理及团购等工作。包括商户和顾客的投诉登记、处理及反馈，商场各楼层的防损工作，配合营运总监对楼层的日常管理进行检查、督促及汇报。

主要职能：

A. 根据公司的营业政策负责现场管理部的工作计划的拟订、执行及控制。

B. 负责商场客户服务中心的全面管理及运作，包括广播、咨询、VIP 系统的管理及团购等工作。

C. 负责商户、顾客与员工的咨询及投诉的登记受理、处理等工作，并与相关的业务部门进行联系沟通。

D. 负责对各楼层"营运规范"的执行情况作督促及考评。

E. 负责商场日常的管理及监督，严防议价及私收货款。

F. 按相关制度标准检查商品的质量、结构及陈列、商场卫生状况及员工行为表现。

G. 负责各楼层工作人员的服务培训及考核，努力提高服务和业绩。

H. 负责收银中心的全面管理工作，完成日常收银工作。

I. 负责领导交办的其他事宜。

J. 指导其他部门人员的在职相关培训。

K. 协助营运总监处理有关公共事务。

L. 向营运总监反馈有关服务及管理的其他信息。

营运部：负责商场营运管理制度的建立、规范及执行；商户沟通、投诉受理、商品质量、卫生的检查；部门人员的培训指导及考核；根据市场变化提出商场经营策略。

主要职能：

A. 根据公司营业政策负责营运部工作计划的拟订、执行及控制。

B. 负责商场全面营业管理及运作。

C. 负责与其他业务部门的联系沟通。

D. 负责指导本部门的业务工作，努力提高销售量、服务质量和业绩。

E. 负责营运部员工的培训及考核。

F. 负责同类竞争商场的调查及应对策略，提出有效的促销方案并组织实施。

G. 负责各部门"营运规范"的执行并组织辅导、考评。

H. 负责销售商场日常的管理及监督。

I. 受理顾客、商户或员工投诉、解决矛盾及纠纷。

J. 按相关制度标准检查商品的质量及结构的合理性、商场卫生状况。

K. 负责本部门办公设备的管理。

L. 负责领导交办的其他事宜。

M. 指导其他部门人员的在职相关培训。

N. 协助总经办有关公共事务的执行处理。

O. 向总经办反馈有关营运的信息。

2.7 后勤中心。

综合物业管理部：通过本部门的有效管理与服务，起到桥梁作用，责成管理公司物业综合性管理业务方面内外部的沟通。

主要职能：

A. 执行上级工作指令，一切言行向管理公司负责。

B. 拟订、编写本部门的工作计划和目标。

C. 拟订、编写本部门综合物业管理手册。

D. 编制综合物业管理部巡视检查内容清单。

E. 物业相关事务投诉、处理、回访。

F. 制定商业物业管理物品装备清单。

G. 主持商业物业管理费用预算。

H. 主持商业物业验收接管（代管）工作。

I. 协助商户入驻与进退场。

J. 协助业主档案管理。

K. 协助召开业主大会及成立业主委员会。

L. 主持商业物业迎检创优工作的协助与指导。

M. 协调以下项目并促使其有效运行：商户精神文明管理；卫生管理；绿化设施管理；治安环境管理；停车场管理；安全用电、用水管理；电梯使用管理；公共建筑装修设施使用管理；消防设备设施、器材使用管理；通信、数据传输、公共音像设备使用管理；商户岛柜、开放式铺面、营业房公众形象管理；商城二次装修管理；防火管理及签订防火责任协议书。

机电工程部：负责商城的机电工程运行维护工作、楼本体及装修设施完好。

主要职能：

A. 负责电气、电梯、空调、给排水、弱电通信、消防系统六大系统的运行管理及其设备维修保护。

B. 负责建筑装修设施的维修保护，完成公司指派的对外有偿服务及商户二次装修工作的监督管理工作。

C. 负责本部各种维修用机加工设备和五金工具的维修保护。

D. 负责商城家具、装饰照明灯具的维修保护工作。

E. 负责商城各系统的改造或工段完善工作以及各种改造施工的监督工作。

F. 负责商城各种设备的技术改造和商城的节能管理工作。

G. 负责完成公司的外派工作及监督工作。

H. 配合城市能源管理部门的能源动力普查、管理等相关工作，环境检测部门相关工作。

保卫部：负责公司的安全保卫、消防工作。

主要职能：

A. 一切管理行为向××国际商业广场管理公司负责；严格服从公司的统一指挥，执行其工作指令。

B. 行使公司赋予的管理权力，尽量杜绝一切越权事件的发生。

C. 负责拟订与贯彻执行本部门的管理制度、工作计划和目标。

D. 对办公区域及管辖商城商业区的防火、防盗、商品防损、安全工作进行管理。

E. 对停车场进行管理。

F. 对公司员工及商户进行安全知识、消防法规宣传贯彻的教育培训。

G. 负责做好公司安全保卫专业档案；负责协助做好公司及商户资料的保密工作。

H. 对保卫人员的监督、考核、评比。

I. 协助当地公安机关做好对违纪、违法人员的处理。

J. 完成临时交办的其他工作；负责公司办公区域及管辖商城商业区的巡逻及门卫工作。

K. 负责促销、抢险、场外物品防损、协助当地公安机关做好商城外围社会治安工作。

后勤部：负责商城的保洁工作，维持环境整洁。

主要职能：

A. 负责商城商业区及办公区域的环境卫生。

B. 负责商城商业区及办公区域环境整洁、垃圾废水清运，保持商城的清洁。

C. 负责商城环境及所辖区内的市政公共设施的保洁工作。

D. 负责商城商业区及办公区域及其他责任区域的消毒工作。

E. 负责商城绿化、美化及花草树木的种植养护和商城大型活动时摆花工作。

F. 对租赁或购买的店中店、营业房、餐饮分包商、铺面卫生的消毒工作进行监管。

G. 配合环卫部门、城管部门、卫生防疫部门工作。

3 人员编制。

3.1 定编原则。因事设岗、以岗定人，各部门人员编制根据公司业务发展需要，逐步到位。

3.2 人员编制参照公司组织架构图。

4 任免权限。

4.1 总经理由董事会任免。

4.2 副总经理、营运总监、财务总监、行政人事总监由总经理提名，董事会任免。

4.3 总经理助理、总经理秘书、部门经理由总经理任免，报董事会备案。

4.4 会计、出纳由财务总监提名，总经理任免，报董事会备案。

4.5 各部门主管由部门经理提名推荐，部门总监任免。

4.6 各部门职员由各部门经理任免。

5 职务级别（行政级别）划分。

序号	职务/职称	级别
1	总经理、特聘专家顾问、优秀副总、杰出工作者、突出贡献者	A
2	副总、顾问、优秀总助	B
3	总助、高级工程师、总监、优秀经理、杰出工作者、突出贡献者	C
4	部门经理、工程师、会计师、外聘高薪员工、优秀主管、杰出工作者、突出贡献者	D
5	主管、主办会计、优秀助理、杰出工作者、突出贡献者	E

续表

序号	职务/职称	级别
6	采购、司机、招商员、管理员、美工、保安队长、班长、电工、维修工、出纳、优秀员工、杰出工作者、突出贡献者	F
7	文员、保安员、优秀清洁员工	G
8	保洁员、其他	H

6　岗位制度。

6.1　为明确各岗位人员的权利、义务、责任，特制定本制度。

6.2　内容详见岗位责任制汇编。

7　岗位任职资格。

7.1　为选择最合适的人员到合适的岗位上，让每位员工在自己的工作岗位上发挥最大积极性和潜能，严格按照人才招聘制度进行人才选用。特制定本岗位任职制度。

7.2　原则上公司业务岗位采用竞聘上岗制。

7.3　对特殊情况、个人能力较突出的，经总经理批准的可放宽录用条件。

7.4　内容详见岗位责任制汇编。

二、人事审批制度

本公司人事审批制度实行三级管理：一是经办（提出），二是审核，三是批准。

1　经办（提出）。

公司所有的招聘、任免、离职、劳务等人事事务，均由当事人及事务发生所在部门提出，由行政人事部汇总。

2　审核。

行政人事部经理负责对人事事务进行审核和提议，汇集有关部门意见，呈报主管领导批准。

3　批准。

公司所有人事事务由董事会或总经办批准。

三、人事管理制度

1　总则。

1.1　本制度是根据公司章程规定制定，目的是保证公司人事管理的合法性，保障员工的合法权益。

1.2 本制度运作范围：本公司招聘、试用、录用、升调、劳资、假期、奖惩、考核、培训、离职等人事事务。

1.3 本公司的人事管理制度遵从《中华人民共和国劳动法》和《××市劳务工条例》，在执行本公司人事管理制度时，如有与国家劳动法规相抵触的以国家劳动法规为准。

1.4 本公司用工原则：能干、肯干。

A. 品德高尚、操守廉洁、公私分明、具有高度责任心。

B. 能干—— 精通本专业知识，熟悉本岗位实际操作技能，知识全面，办事灵活，综合素质高。

C. 肯干——热爱公司，热爱工作，工作主动积极，业务精益求精。

1.5 无功便是过，反对"随大流"作风。

1.6 本公司人事管理方针：以人为本。

2 员工守则。

2.1 爱国爱公司，与公司同发展，以优异的工作业绩创造最大利润。

2.2 遵纪守法，遵守国家法律、法规和公司规章制度，不旷工、不迟到、不早退、不无故请假、不吵闹斗殴或搬弄是非，维护正常工作和生活秩序。

2.3 精诚团结，发挥"主人翁"精神，追求"快乐融洽"的工作氛围。

2.4 严守机密，严禁泄露公司商业秘密。

2.5 服从领导，下级服从上级的工作安排与调遣。

2.6 礼貌待人，注意个人形象，态度谦和，落落大方，树立公司良好形象与信誉。

2.7 不准翻阅与工作无关的账簿、文件、电函等。

2.8 不准携带违禁品、危险品或与工作无关的物品进入公司。

2.9 勤奋好学，努力上进，提高专业水平，完善自我。

2.10 任何员工不能在其他单位兼职，如发现即按自动离职处理。

3 招聘、任用、升调。

3.1 招聘。

A. 招聘新员工的考试应经过面试、复试（笔试）、批准三个程序，初试由行政人事部组织；考核应聘人员的基本素质。

B. 复试由公司考核小组会同用人部门主管通过口试及笔试，考核应聘人员的任职资格、专业知识和技能。

C. 员工录用按任免权限及人事审批制度办理。

D. 新录用员工所有招聘资料汇总录入个人档案归档。

3.2 试用。

A. 凡新录用的员工必须经过试工期和试用期，试工期 7 天，试用期限为 3 个月（含试工期）。

B. 对较为了解，特别急用的专业人员，经董事会或总经理特批，可免试用期或缩短试用期。

C. 对于在试用期间表现突出者，经总经理同意可以缩短试用期限。

D. 对于在试用期间在岗位上未完全开展工作的，需延长试用期，延长试用期一般为 6 个月。

E. 试用人员在试用报到时应填写《人事资料卡》，并缴验身份证、学历证、职称证、计划生育证、体检资料、相片及其他相关证件，特殊岗位须提供担保证明。

F. 试用期满前一周由行政人事部会同用人部门对试用员工进行考核，考核合格的，报批正式录用。

G. 试用人员在试用期间因品行欠佳不符合工作要求或考核不合格的，公司可随时辞退，不作任何补偿。

H. 员工在公司的服务年限，自试用之日起开始计算。

3.3 录用。

A. 本公司录用各级职员以学识、品行、能力、年龄等为准则。

B. 职员的录用根据任免权限由董事会或总经办批准。

C. 凡职务 C 级以上的职员，正式任职后，由公司发给聘书。

D. 凡有下列情形之一者，不予录用：

a. 吸毒、贩毒、嗜赌等不良嗜好者；

b. 曾受刑事处罚；

c. 身体有重大疾病者。

E. 所有正式录用员工，必须在 30 天内与公司签订临时劳动合同。

3.4 晋升。

A. 全体员工每年均有晋升加薪的机会。

B. 公司每年 4 月份一次性核准 30%的正式员工晋升一级工资。

C. 若公司连续三年均无晋升者，则以三年考核成绩累计为标准，70%员工晋升一级工资。

D. 员工有特殊贡献，表现优异者，可经董事会或总经办批准随时晋升嘉奖。

3.5 调任。

A. 公司基于业务上需要，可随时调任员工的岗位，员工不得借故推诿。

B. 被调任员工在五天内办理好移交手续并报到完毕，逾期作自动辞职处理。

4 劳资。

4.1 公司实行固定工资和效益工资两种工资制度。

4.2 凡在本公司正常工作的所有员工，其工资标准不低于市政府颁布的当年最低工资标准。

4.3 工资支付规定。

A. 公司对员工工资保密，员工不得私下传递通报工资情况。

B. 员工工资按实际天数计发，员工若请假，按请假时间扣减工资。

C. 员工基本工资按月发放，每月工资于次月的 15 日发放，如遇节假日则顺延，在最近工作日支付。新员工出勤不足 10 天者合并到下月一起发放。

D. 支付形式：以人民币现金、转账等形式支付。

E. 所有员工工资必须按国家规定缴纳个人所得税，个人所得税由员工个人承担。

4.4 试用期工资规定。

A. 试用期按试用期岗位基本工资发放。

B. 试用期员工不享受公司其他福利待遇。

4.5 管理、后勤人员原则上不需加班，特殊情况由部门经理安排加班。

4.6 临时工工资按日计算，不享受公司其他福利待遇。

4.7 最低工资规定。凡在本公司正常工作的所有员工，其工资标准不低于市政府颁布的当年最低工资标准。

4.8 管理、后勤人员工资计算标准。

A. 工资按月计发，基本工资、岗位工资、职务工资及各项补贴参照职务级别套算，缺勤按天数扣除工资。

B. 员工转正后，公司对其能力和表现进行考核后定岗定资。

C. 加班工资规定：

a. 管理、后勤人员原则上不安排加班，属于分内工作未完成的应自动延长工作时间，特殊情况由部门经理安排加班，计发加班工资或安排调休。

b. 日常加班工资 =（日）全额工资 × 加班天数。

D. 员工在法定节假日内加班，工资按国家相关规定计发。

4.9 临时工工资规定。

A. 临时工工资按签订的临时工劳务合同标准执行。

B. 临时工不享受公司其他福利待遇。

C. 临时工工资按日计算。

4.10 营业员管理。

A. 营业员属供应商聘请的人员，其劳动及人事管理属于管理公司。

B. 具体营业员管理详见《营业员管理手册》。

5 假期。

5.1 休假。

A. 公司规定每月四天的休息时间，特殊岗位另行安排，除此之外享受国家规定的法定节假日休息，法定节假日如下：

假别	日期	假期	假别	日期	假期
元旦	元月一日	1 天	劳动节	五月一日至五月三日	3 天
春节	初一至初三	3 天	国庆节	十月一日至十月三日	3 天

B. 行政人事部应参照国家放假规定及与公司实际工作相结合制定休假规定，在法定节假日由于工作需要加班的，应按国家相关规定给予补休或计发加班工资。

5.2 请假。

A. 员工请假应于前一日办理书面请假手续，否则以旷工论处。因突发事件来不及提前请假者，应电话向部门主管报告并知会行政人事部，当事人应于当日委托部门主管或代理人代办请假手续，否则以旷工处理。

B. 请假分六种情况，具体规定如下：

假别	给假时间	请假原因	应验证件	劳资	说明
事假		原因注明		不给	妨碍工作者不准假
病假	15 天内/年	原因注明	医院证明	给	7 天内享受全额工资；7~15 天只发放基本工资
公假	国家规定	有关文件		给	晚育 105 天
婚假	3 天	本人结婚	结婚证	给	晚婚 7 天
产假	90 天	本人分娩	生育证照	给	
丧假	3 天	直系亲属过世	主管证明	给	行政人事部查实

【说明】

a. 请假期间，如含例假日，应合并计算。

b. 以上劳资，指基本工资。

c. 请假具体事宜参照《员工休假管理规定》。

5.3 请假审批制度。

A. 部门经理级以上人员请假，由总经理批准，行政人事部存档。

B. 其余员工请假，一天以下由部门经理审批，行政人事部核准。

C. 一天以上、三天以下，由行政人事部审批，副总经理核准。

D. 三天以上由总经理批准，行政人事部存档。

6　工作时间与考勤。

6.1　工作时间。

A. 本公司实行每天八小时工作制。

B. 在外出差员工，工作尚未完成的，须自觉抓紧时间完成。出差补贴按相关制度办理。

C. 标准工作时间规定如下：

	上班时间	下班时间
上午	8:00	12:00
下午	14:00	18:00

D. 因特殊情况或工作未完成的，应自动延长工作时间。

E. 特殊岗位需安排轮班制的，按工作需要制定相应的轮班制度报行政人事部批准实施。

F. 考勤管理详见《考勤管理规定》。

6.2　考勤。

本公司考勤分为登记考勤和打卡考勤。

A. 登记考勤。

a. 经公司批准对所有轮班、值班人员实行"登记考勤表"方式考勤，由行政人事部监督，部门指定考勤员登记考勤表。

b. 考勤员每日按时登记考勤，并于月底编制"月份考勤汇总表"一式二份，报部门经理审核后，送行政人事部汇总审核确认后一份交财务部核计工资，一份交行政人事部存档。

c. 所有值班人员严格按照值班作息时间进行考勤，实行允许推迟下班，提早上班的原则。

B. 打卡考勤。

a. 公司职能部门员工实行打卡考勤，员工均应在上、下班时间按规定打卡，不准代人打卡。

b. 由行政人事部确定一名责任心强的员工兼职负责监督打卡。

c. 上班时间因事外出者，进出时不用打卡，但须经部门经理批准，部门经理因事外出时，向考勤员通报。

d. 员工因公事离开公司且在上、下班时间不能返回打卡的，须讲明缘由，考勤员备案。

e. 每月 4 日，考勤员根据打卡记录编制"月份考勤汇总表"一式二份，送行政人事部汇总。

6.3 迟到、早退及旷工。

A. 凡在规定上班时间未到公司者视为迟到，凡在规定下班时间前擅自下班者视为早退。

B. 迟到或早退三次者作旷工一天处理，在上班时间离岗，请假未续假者作旷工论处，扣发旷工工资，连续旷工两天或一年内累计旷工三天，开除处理。

7 奖惩。

7.1 奖励。

A. 奖励共分为：通令嘉奖、奖金（奖品）、加薪、职务晋升、专项奖、授予荣誉称号。

B. 详见《奖惩管理规定》及《员工手册》。

7.2 处分。

A. 处分共分为：罚款、警告、降薪、降职、辞退、开除。

B. 详见《奖惩管理规定》及《员工手册》。

8 考核。

8.1 考核时间。

A. 职能部门所有员工每年分季度进行考核，作为绩效奖金发放的依据。

B. 所有考核由行政人事部组织并根据公司情况制定考核规定及考核具体时间。

8.2 考核办法。

A. 考核员工范围：在公司服务满半年以上的正式员工。

B. 考核管理部门：行政人事部为负责每年员工考核的组织实施部门。

C. 考核分值比例：年终考核采用自我总结评议、部门考核和公司考核三种形式。考核采用百分制，其中自我总结评议占总分的 20%，部门考核占总分的 40%，公司考核占总分的 40%。

9 离职。

9.1 辞职。

A. 劳动合同期内员工因个人原因提出辞去本人在公司的一切职务工作，经公司批准双方解除劳动合同，视为辞职。

B. 员工辞职应提前 30 天向公司提出书面申请《辞职申请表》，在此期间未经批准不准擅自离职，否则作自动离职处理。

C. 员工辞职申请被批准后，在离开公司前应向行政人事部索要《员工离职

《交接清单》，办理移交手续。

D. 员工辞职申请被批准后，行政人事部应向其发出"辞职通知"并及时填写《员工花名册》。

E. 经公司批准辞职者，劳资待遇计至离职当天，同时公司全额支付其工资及福利。

F. 未经公司批准擅自离职者，公司将不作任何计酬，同时取消其全部工资及福利并要求其赔偿一个月平均工资作为补偿。

9.2 辞退。

A. 正式员工因不能胜任本职工作或经调换岗位后不能胜任公司安排的工作及劳动合同期满未续约的，被公司辞去其一切职务及工作，解除劳动关系，视为辞退。

B. 试用期过后并签订劳动合同的正式员工，如因工作不适将被辞退的，公司将提前一个月书面通知员工本人，如未能提前一个月通知，给予被辞退员工一个月工资补偿，补偿金额按其最近工资标准计付。

C. 辞退员工工资计至劳动合同解除当天，同时公司全额支付其工资及其他福利。

D. 若因违反公司规章制度而被辞退的员工，不计发任何补偿金。

9.3 开除。

A. 员工因违法或违反公司规章制度被公司解除公司一切职务及工作，并解除劳动合同的，视为开除。

B. 公司开除员工，可不作警告或提示。

a. 试用期不符合录用条件的。

b. 严重违反公司管理制度、规定和职业道德的。

c. 严重失职、营私舞弊、对公司造成重大损害的，被依法追究刑事责任的。

d. 违反《治安管理条例》，被公安机关收容教育、行政拘留的。

e. 提供虚假资料骗取公司信任被公司聘用的。

f. 法律、法规规定的其他情形的。

C. 被开除的员工，公司不付任何补偿，同时冻结其工资及其他福利。被开除员工办理好离职手续后方可离开单位，当月工资按实际天数结算。给公司造成损失的，公司将保留进一步追索的权利。

9.4 退休。

员工退休根据国家规定的退休年龄执行，返聘者除外。

9.5 移交。

A. 离职或调任人员凡经管下列各项业务者，于调职或离职时，应将其工作和经管的财物详列清单一式三份办理移交手续。

a. 单位人员名册。

b. 经管的财物。

c. 经办工作、工作资料及与工作有关的联系状况。

B. 移交时应由直属主管或委托人员负责监交，移交清册由接交人与监交人签名，一份存行政人事部，一份交移交人，一份交接替人。

C. 各级人员移交应亲自办理，因特殊原因，经核准可指定直属主管代办移交，一切责任仍由移交人负责。

D. 交接期限为五天，移交人员因逾期不交或移交不清，给本公司造成损失的，公司将追究移交人的赔偿责任。

9.6 其他。

在未办清离职手续之前，已到其他单位兼职的或在其他单位未办清离职手续而来公司工作的，由此造成的责任及损失由当事人承担。

四、培训

本公司根据业务需要定期或不定期举办各种教育培训，视实际需要可由本公司员工担任授课或聘请外来专家担任讲师对员工进行培训，或指派有关人员参加外界举办的有关业务学习培训。

1 培训的种类。

1.1 职前培训。

新员工应实行职前培训，内容为：

A. 公司简介和公司管理制度讲解。

B. 业务特性，作业要求，操作规程说明。

1.2 专业培训。

根据工作需要，公司选择优秀员工组织内部培训或委派员工到各职业机构培训。

1.3 公司根据政府部门规定结合本公司实际情况，委派员工到指定机构进行学习、培训、会试等。

2 培训办法。

2.1 培训计划。

A. 职前培训由行政人事部根据新员工入职实际情况，拟订职前培训计划表，呈报主管副总审批后作为培训实施的依据。

B. 专业培训由有关部门根据经营实际需要，拟订本公司培训计划表，送行政人事部审核，副总经理批准后作为培训实施的依据。

C. 外派培训由总经理根据公司实际情况安排。

2.2 培训实施

A. 行政人事部按"在职培训计划"如期实施培训。

B. 公司组织的培训，在各项培训结束后，应对被培训人员进行测验，由行政人事部及讲师负责监考。

C. 公司外派培训人员，在培训结束后，应将受训教材、资格证书等送行政人事部归档保存。

2.3 公司派送培训的员工，学习成绩合格者，其学习费用由公司负担，学费报销时，须由总经理批准。

2.4 公司派送进行业务培训的员工，在公司服务未满三年而提出辞职者，按服务年限比例赔偿培训费用。

五、福利

1 社会保险。

凡本公司正式员工，按《××市基本医疗保险暂行规定》等规定分别参加医疗保险、养老保险和工伤保险及人身意外安全保险。

2 福利设施和补贴。

2.1 全体正式员工均享受各项补贴（分为：保险、交通、通信等）。

2.2 每年 11 月份，组织员工（含工作累计满一年的临时工）到劳动卫生机构进行体检。

2.3 所有正式员工年底经考核达标后享受双薪待遇或其他形式的奖金待遇。

六、劳动合同

1 签订劳动合同的目的是保障公司和员工双方的合法权益。

2 凡公司正式员工均应与公司签订劳动合同，由行政人事部统一办理。

3 劳动合同内容。

3.1 工作内容。

3.2 合同期限。

3.3 劳动条件。

3.4 劳动纪律。

3.5 报酬。

3.6 违约责任。

3.7 终止、续签条件。

4 劳动合同的签订必须遵循平等自愿的原则，并经市劳动部门确认。

5 劳动合同的续订应当在劳动合同期满前30日内签订。

6 劳动合同的变更应由员工与公司协商后经双方同意。

7 劳动合同的解除和违约责任依合同内容和《××市劳动合同条例》规定处理。

七、担保

1 担保范围。

本公司下列员工应办理担保手续，方能正式任用：

1.1 出纳、财务人员、收银员。

1.2 采购员、司机、保安人员。

1.3 其他特殊岗位人员。

2 担保方式及资格。

个人担保。

A. 具有完全的民事行为，有正当职业、稳定收入或在社会上有相当信誉及地位且有岳阳市户口人士才能作担保人，被担保人的配偶或直系亲属不能作担保人。

B. 企业担保，具有独立法人资格经××市工商管理机构注册的××市直属企业可作担保人。

3 担保责任。

3.1 被担保人在本公司服务期间，违反公司规章制度或有其他不法行为致使本公司蒙受经济损失，不能直接向被担保人追回的，由担保人负连带赔偿责任。

3.2 被担保人弃职、逃跑或辞职、辞退时不办清移交手续，造成公司经济损失的，由担保人负连带赔偿责任。

4 担保书。

担保人应填写本公司制定的"担保书"一式三份，经审查合格后，公司、被担人、担保人各执一份。

5 担保变更。

5.1 担保人有下列情形之一者，必须更换：

A. 担保人死亡或犯罪者。

B. 担保人被宣布破产者。

C. 担保人有其他重大行为，无力担保者。

5.2　担保人中途退保时，应以书面通知本公司，或本公司认为担保人不适合担保时，被担保人应立即另受担保人并重新填写"担保书"，原担保人必须在新的担保手续办妥后，方能解除担保责任。

6　担保书退还。

员工离职须办妥移交手续且一个月内未发现有经济违规行为，方能退还担保书，解除担保人的担保责任。

八、资料档案管理

1　行政人事部为行政人事资料档案的管理部门。

2　行政人事档案名称、目录及编号由行政人事部根据档案室档案编号规定自行制定。

3　行政人事资料在归档时，要审查是否完整、是否有错漏，然后进行分类编号归案。

4　归档分件依顺序以活页方式装订于相关类别的档案或档袋内，并于易查阅处注明档案名称、编号等。

5　调查时按一单一案的原则做好查阅登记手续，查阅时不能带走档案或进行复印。

6　不能调阅与经办业务无关的档案。

7　机密级以上人事档案查阅时先由行政人事部审核，再经总经理批准。

九、临时工使用原则

1　用工申请。

各部门如需雇用临时工，应填写《人员需求申请表》，呈总经理批准。

2　临时雇用合同。

临时工应与公司签订临时雇用合同。

3　临时工管理。

3.1　临时工工资按天支付。

3.2　临时工请假手续按正式工请假手续办理，请假期间一律不计发工资。

3.3　临时工考勤按照正式工考勤方式办理。

3.4　临时工不享受公司的晋升、奖励、社会保险、补贴、住房等待遇。

3.5　临时工不参与公司年终奖励的发放。

4　停止雇用。

临时工不能胜任工作或违反公司管理规定或工作试用期间请假累计超过三天者，公司可随时停止雇用。

十、附则

1　本制度经董事会通过，由总经理发布实施。

2　本公司其他规章制度如有与本制度相抵触的，以本制度为准。

3　为适应实际工作需要，各部门应在实施过程中，以不抵触本制度的原则下，提出修订、补充意见并可制定相关的管理规定或管理条例。

4　本制度从发布之日起每年修订一次，三年之后每三年修订一次。

5　本制度由行政人事部负责解释。

第三节　人事管理表格

一、人员需求表

填表日期：　年　月　日

申请部门		申请职位		人　数	
申请理由	□ 扩大编制　□ 储备人力 □ 辞职补充　□ 短期需要		希望到 职日期		
应具资格条件					
性　别		婚　否		年　龄	
学　历		外　语		个　性	
经　历					
具备技能					
增加人员 工作内容					
申请人			部门经理		
人事行政部经理意见					
总经理批示					

二、招聘计划表

招聘目标：专才专用

职务名称	数量	任职资格

信息发布渠道和时间

招聘小组成员

选拔方案及时间安排

招聘岗位	步　骤	负责人	截止时间

费用预算

项　　目	金　额（元）
报纸信息发布	
人才市场招聘	

招聘工作时间表

制定人	部门经理签字	
	分管副总经理意见	

三、应聘人员履历表（管理类）

应聘职务：   填表日期：

姓 名		性 别		出生年月		婚 否		请附彩照
现住址				电 话		籍 贯		
户籍地址		身 高		电 话		职 称		
电脑操作	不会 一般 良好 非常好			身份证号				

学业情况	院校名称	专 业	入校时间	离校时间	是否毕业

事业经历情况	服务单位	职 务	任职时间	单位电话	证明人	职 务	电 话

家庭情况	姓 名	关 系	出生年月	地 址	电 话

性格（对自己的性格进行客观公正的评价，符合者请打"√"）

有责任心	理智型	谨 慎	随 和	诚 实	自以为是
有条理性	行动型	乐 观	独 断	热 心	有支配欲
有进取心	有个性	自 信	内 向	细 致	敏 锐

兹保证以上资料属实，如有虚假，愿意接受公司任何处分！   签章：

续表

请回答以下问题：

1. 进入本公司您有什么愿望与理想？

2. 在什么工作岗位上能最大限度地发挥您的才能？

3. 您对本公司的工资期望值是多少？（最低薪资要求和发展期薪资）

4. 您在什么情况下会决定辞职离开公司？

5. 简述您的工作态度。

6. 简述您个人的优势与劣势（优点/缺点）。

7. 请详细介绍您的专业优势和其他技能优势（如电脑操作、口才谈判、文案写作等）。

8. 请列举您过去的专业优势成绩（请附图片、文案、证明人等参考资料）。

9. 您为什么值得我们雇用？

请谈谈您个人发展的想法。

请谈谈您个人发展与企业发展的关系。

请谈谈您对"合"与"和"的理解。

四、应聘人员履历表

应聘职务：   填表日期：

姓　名		性　别		年　龄		婚　否		
学　历		身　高		技术等级		籍　贯		请附彩照
户籍地址			联系电话					
现住址			身份证号					

	院校名称	起止时间	专业	是否毕业
学习培训经历				

	服务单位	起止时间	职务	证明人	原单位电话
工作经历					

	姓名	关系	出生年月	地　址	电　话
家庭情况					

性格（对自己的性格进行客观公正的评价，符合者请打"√"）

有责任心		理智型		谨　慎		随　和		诚　实		自以为是	
有条理性		行动型		乐　观		独　断		热　心		有支配欲	
有进取心		有个性		自　信		内　向		细　致		敏　锐	

兹保证以上资料属实，如有虚假，愿意接受公司任何处分！　　　　　　签章：

五、面试通知单

部门				时间			
序号	姓名	性别	应聘岗位	专业	学校	联系电话	
制定人			部门经理签字				

行政人事部意见

签　名：

日　期：

六、面试记录表

姓　名			应聘职务		
用表提要					

评分项目	配　分				
	5	4	3	2	1
仪容　礼貌　精神 态度　整洁　衣着	极佳	佳	平平	稍差	极差
体格　健康	极佳	优秀	平平	稍差	极差
领悟　反应	特强	优秀	平平	稍慢	极劣
对其工作各方面及有 关事情了解	充分了解	很了解	尚了解	部分了解	极少了解
所具经历与本公司的 配合程度	极配合	配合	尚配合	未尽配合	未能配合
前来本公司服务的意 志程度	极坚定	坚定	普通	犹疑	极低
专业知识水平	非常专业	专业	较专业	一般	差

外文能力	区分	极佳	好	平平	略通	不懂
	国语					
	英文					
	其他					

总分					
总评	列入考虑（　　） 不予考虑（　　）		面试人： 日　期：　年　月　日		

七、面试考评表

考评项目	评定尺度	计分	备注
仪容、态度	14 12 10 8 6		
礼仪、礼节	14 12 10 8 6		
一般常识	14 12 10 8 6		
专业知识	14 12 10 8 6		
综合知识	14 12 10 8 6		
创造、创新力	14 12 10 8 6		
学习态度	14 12 10 8 6		
诚实、协调	14 12 10 8 6		
思想观念	14 12 10 8 6		
领导组织能力	14 12 10 8 6		
人脉关系	14 12 10 8 6		
表达能力	14 12 10 8 6		
人品、性格	14 12 10 8 6		
感恩、回报	14 12 10 8 6		
总计	14 12 10 8 6		
综合评语	评语分为 A、B、C 三等，每等又可以分为上下两级		0~64→C 65~95→B 96~112→A

八、复试意见反馈表

姓 名			性 别	
申请部门			申请职位	
面试日期			面试人员	
期望待遇	期望范围：_____元至_____元/年 可接受性：□ 可以接受　□ 可以考虑　□ 不可接受　□ 特别处理			

考察内容		评论	说明
基本素质	时间观念	□ 守时　□ 迟到	
	职业风范	□ 良好　□ 一般　□ 不佳	
任职资格	教育背景	□ 符合　□ 接近　□ 不符	
	工作经验	□ 符合　□ 接近　□ 不符	
专业特长	专业技能	□ 很强　□ 较强　□ 中等 □ 较弱　□ 很弱	
	特长	□ 精通　□ 擅长　□ 中等 □ 粗通　□ 没有	
基本能力	语言表达	□ 良好　□ 一般　□ 不佳	
	沟通反应	□ 良好　□ 一般　□ 不佳	
性格特点	工作热情	□ 良好　□ 一般　□ 不佳	
	适应能力	□ 良好　□ 一般　□ 不佳	
综合能力	竞争优势	□ 很强　□ 较强　□ 中等 □ 较弱　□ 很弱	
价值取向	人生观	□ 清晰　□ 一般　□ 模糊	
管理能力	基础管理能力	□ 很强　□ 较强　□ 中等 □ 较弱　□ 很弱	
	战略管理能力	□ 很强　□ 较强　□ 中等 □ 较弱　□ 很弱	
其他内容			
面试结论	综合得分	适合←10 9 8 7 6 5 4 3 2 1→不适合	
	综合评语		
笔试结论	得分		
	试卷分析意见		
处理结论	□ 确定录用　　□ 再次比较　　□ 留档备案　　□ 不予考虑　　□ 其他		
公司领导			日　期	

九、应聘结果推荐表

姓名			日期
外文知识	会话		
	书写		
智力水平			
专业知识			
综合知识			
创造性思维			
性格特征			
学习态度			
品德、品质			
进本公司意向程度			
面试小组评语			

推荐书

□ 录用	职位	
	级别	薪金等级

□ 待用（说明原因）

□ 辞谢（说明原因）

赞成此意见者（面试小组成员）签名：

送达上级领导（部门）审批：

十、录用通知单

部门				复试时间	
姓名	性别	应聘岗位	专业	学校	联系电话

以上人员经研究认为符合用人条件，请行政人事部办理相关手续。

制定人		部门经理签字	

行政人事部意见

签　名：

日　期：

十一、员工工资审批表

姓　名			进入本公司时间		年　月　日
部　门		新职务或岗位		文化程度	
原工资待遇			原身份		
工资变动原因	□ 1 试用工资核定　　　□ 2 转正工资核定 □ 3 调升工资核定　　　□ 4 考核晋升工资核定 □ 5 临时工工资核定　　□ 6 降级工资核定				
工资内容	同意＿＿＿＿＿＿＿＿，　　工资核定为＿＿＿＿级， 其中基本工资＿＿＿＿元，　出勤工资＿＿＿＿＿元， 职务工资＿＿＿＿＿元，　　电话补贴＿＿＿＿＿元， 住房补贴＿＿＿＿＿元，　　交通补贴＿＿＿＿＿元， 社会保险＿＿＿＿＿元，　　意外保险＿＿＿＿＿元， 带车补贴＿＿＿＿＿元，　　其他补贴＿＿＿＿＿元。 共　　计＿＿＿＿＿元。 从＿＿＿年＿＿月＿＿＿日起执行。				
行政人事部意见	 　 　 年　　　月　　　日				
总经理意见	 　 （公司章）： 年　　　月　　　日				
备注	本表存档				

十二、员工报到通知书

_____先生（女士）：

一、您应聘本公司_____之职，经复审，决定录用，请于___年___月___日上午___时，携带下
列物品、文件及填写本函所附之表格，到本公司报到。

　　1. 身份证原件及复印件；

　　2. 学历证原件及复印件；

　　3. 体检证明；

　　4. 资格证书原件及复印件；

　　5. 户口簿原件及复印件；

　　6. 计生证；

　　7. 一寸半身照片四张；

　　8. 个人作品（电子版、书面版各一份）。

二、按本公司决定新进员工必须先行试用___个月，试用期暂定月薪___元人民币。

签发人：

行政人事部

日　　期：

入职申明

一、本人现声明，以上所提交全部资料确属事实，谨此授权××商业经营管理有限公司查询有关事
项。如以上任何一项情况失实，贵公司有权解除本人所受聘之职或采取其他处理方式。

二、本人现与其他单位不存在任何劳动雇佣关系。

三、本人所交资料离职时均不带走，交公司存档。

签名：

日期：

十三、新员工入职培训清单

此单由部门培训管理员安排入职引导人根据所列项目进行入职培训，完成每项内容之后可在方框内打"√"。全部内容在新员工试用期内完成，由培训管理员在新员工转正申报时交行政人事部。

姓　名		部　门		试用时间	
公司简介	□ 公司概况 □ 公司组织结构 □ 公司理念 　　实施人签名：	部门概况		□ 本部门架构 □ 本部门职责与其他相关部门工作关系 □ 介绍部门内部责权分工及各岗位职责 □ 本部门配备的办公设备 □ 本部门基本情况 　　　　　　　　　实施人签名：	
《员工手册》讲解	□ 员工守则 □ 职业道德规范 □ 商业行业的职业道德 □ 公司人事行政管理制度 □ 福利待遇 □ 晋升机制 　　实施人签名：	岗位知识		□ 介绍岗位职责及工作内容 □ 介绍本部门常用程序文件、单据、表格 □ 常用设备工具的使用 　　　　　　　　　实施人签名：	
服务基础知识	□ 服务概念 □ 服务的作用 □ 服务规范 　　实施人签名：	工作规范		□ 本岗位职责 □ 对其工作态度的要求 □ 仪表仪态的要求 　　　　　　　　　实施人签名：	
相关管理知识	□ 管理的概念 □ 公司管理和特色 　　实施人签名：	消防及安全		□ 消防常识 □ 消防设备介绍 □ 安全知识 　　　　　　　　　实施人签名：	
以上全部内容本人均已明白。 　　新员工签名： 　　　　　年　月　日		培训管理员签署意见：		部门负责人签署意见：	

十四、新员工试用情况反馈表

姓名		部门		试用时间		职位	

1. 请写出您的日常主要工作职责：

2. 请写出与您的日常工作相关的流程文件的名称：

3. 您对部门主管领导的引导工作：

□ 满　意　　　　　　　　　　　□ 较满意

□ 不满意　　　　　　　　　　　□ 建　议＿＿＿＿＿＿＿＿＿＿＿＿

4. 您对公司及所在部门的管理运作有何意见或建议？（以下空格不足可附纸填写）

新员工签名：

＿＿＿年＿＿＿月＿＿＿日

5. 述职报告（实习报告）:(用 A4 纸张规范填写附后)

部门主管签阅意见：

注：此表由新员工于转正时填写，交部门主管报公司行政人事部。

十五、员工人事资料卡

姓 名		性 别		民 族		文化程度		
毕业院校			专 业			职 称		
政治面貌		身体状况		籍 贯		婚 否		
身 高		户口所在地				爱好及特长		
身份证		职 务		配偶姓名		子女		
通信地址			联系电话			邮编		

<table>
<tr><td rowspan="6">家庭主要成员及情况</td><td>姓 名</td><td>性 别</td><td>年龄</td><td>与本人关系</td><td>户口所在地</td><td colspan="2">住 址</td><td>电话</td></tr>
<tr><td></td><td></td><td></td><td></td><td></td><td colspan="2"></td><td></td></tr>
<tr><td></td><td></td><td></td><td></td><td></td><td colspan="2"></td><td></td></tr>
<tr><td></td><td></td><td></td><td></td><td></td><td colspan="2"></td><td></td></tr>
<tr><td></td><td></td><td></td><td></td><td></td><td colspan="2"></td><td></td></tr>
<tr><td></td><td></td><td></td><td></td><td></td><td colspan="2"></td><td></td></tr>
</table>

联系亲属	姓 名	性 别	年龄	与本人关系	户口所在地	现住址	电 话

工作简历	起止年月	工作单位	职 务	负责人	电话

声明：本人对上述所填内容的真实性负全部责任。　　　　　　　　　签名：

十六、担 保 书

本人＿＿＿＿＿自愿为＿＿＿＿＿在××商业经营管理有限公司工作期间进行担保。如被担保人违反公司有关制度或有其他违法行为，给公司造成经济损失的，我愿为被担保人承担经济赔偿责任和相关的法律责任。

担保人联系电话：＿＿＿＿＿＿＿＿＿＿＿＿＿＿＿＿＿＿＿

担保人身份证号码：＿＿＿＿＿＿＿＿＿＿＿＿＿＿＿＿＿＿

担保人签名：＿＿＿＿＿＿＿＿＿＿＿＿＿＿＿＿＿＿＿＿＿

注：担保人需提供：身份证复印件、户口簿复印件

经办人：＿＿＿＿＿＿

日　期：＿＿＿＿＿＿

十七、员工转正通知书

＿＿＿＿＿＿先生/女士：

经过试用、审核，恭喜您已被批准转正，定为＿＿＿＿＿＿职位，工资级别按标准计发，转正工资从＿＿月＿＿日开始计算。具体项目如下：

基本工资：＿＿＿＿＿＿　　综合加班费：＿＿＿＿＿＿　　交通补贴：＿＿＿＿＿＿

通信补贴：＿＿＿＿＿＿　　餐　　补：＿＿＿＿＿＿　　其　他：＿＿＿＿＿＿

希望您再接再厉，为公司再作贡献！

××商业经营管理有限公司

行政人事部

年＿＿＿月＿＿＿日

签收人：＿＿＿＿＿＿＿＿＿＿＿＿＿＿＿＿＿＿＿＿＿＿＿＿

十八、编制变动申请表

部门		岗位		变动类别	
日期		人数		增设 ☐	撤销 ☐

变动原因：

部门经理：

人事主管：

行政人事经理：

公司领导：

十九、员工培训记录表

姓名		性别		学历		职务		部门	

培训类别	序号	培训部门	培训时间	备注
岗前培训	1			
	2			
入职培训	1			
	2			
升(调)职培训	1			
	2			
	3			
特殊培训	1			
	2			
外送培训	1			
	2			
	3			
	4			
	5			
授课项目	1			
	2			
	3			
	4			
	5			
	6			
	7			

报到时间 　　档案适用年度

在职培训记录				
序号	培训部门	培训时间	培训内容	考核结果
1				
2				
3				
4				
5				
6				
7				
8				
9				
10				
11				
12				
13				
14				
15				
16				
17				
18				
19				
20				
21				

二十、外请（送）培训审批表

培训科目：

举办单位：

培训费用：

培训时间：

培训地点：

姓　名	工作部门	职　务

行政人事部意见：

年　月　日

公司领导意见：

年　月　日

二十一、培训效果及意见征询表

欢迎您参加我们的培训，请您对本次培训做出真实的评价，以帮助我们改进工作，多谢合作！

1. 通过此次培训，您认为对您本身的工作是否有帮助？

☐ 有较大帮助 ☐ 有一些帮助 ☐ 没什么帮助

2. 您认为培训后，您是否完全理解此次培训的所有内容？

☐ 理解 ☐ 小部分理解 ☐ 不理解

3. 您会在自己的工作中应用此次培训所涉及的内容吗？

☐ 完全应用于工作 ☐ 某些内容可用于工作 ☐ 与工作关系不大

4. 您认为此次培训做得最好的方面是：

☐ 培训组织 ☐ 培训场地 ☐ 课程内容 ☐ 其他_____

5. 您认为此次培训需要改进的方面是：

☐ 培训组织 ☐ 培训场地 ☐ 课程内容 ☐ 其他_____

6. 您认为此次培训课程是否是您所需要的？您认为此次培训课程是基于公司需要，还是基于您个人的工作岗位需要？

☐ 公司需要 ☐ 岗位需要 ☐ 个人需要

7. 您认为除了通过培训的方式，是否有其他方式（比如会议或者上级对您的工作指导和命令）可以使您获得相同或更好的效果？

☐ 必须通过培训方式 ☐ 可以采用其他方式，但统一培训效果更好

☐ 完全没有必要，只是图形式才做此培训 ☐ 建议采用_____

8. 您认为此次培训所安排的讲师是否与课程内容相配合？有更好的讲师吗？

☐ 较适合，其他讲师也不一定能讲得更好

☐ 基本适合，其他讲师可能会更适合一点（请写出 1~2 人）_____

☐ 完全不适合

对于培训教师请您做出评价：

1. 培训教师的语言表达：

☐ 较好 ☐ 一般 ☐ 差

2. 培训教师的授课方式：

☐ 较好 ☐ 一般 ☐ 差

3. 培训教师课前准备工作：

☐ 充分 ☐ 一般 ☐ 差

4. 课堂气氛控制：

☐ 较好 ☐ 一般 ☐ 差

5. 您认为培训教师授课的逻辑性：

☐ 较好 ☐ 一般 ☐ 差

二十二、培训计划表

培训计划名称			培训计划编号			第 页 共 页		
培训部门			培训负责人					
培训时间			培训内容	培训对象	培训人数	培训教师	考核方式	培训地点	备注
序号	月	日	起止时间						
编制			年 月 日	批准			年 月 日		

培训计划变更记录：

二十三、补休通知单

_____（部门）：

经行政人事部考勤统计，截至_____年_____月_____日为止，您部（员工）_____尚有_____天未休息。现行政人事部通知您部根据本部门实际工作要求，限期在_____年_____月_____日前安排补休，逾期未休，视为自动放弃。

（接通知后将补休安排表报行政人事部考勤备案）

行政人事部

考勤员_____

签收人：_____

二十四、惩戒通知书

_____先生/小姐：

您因_____

_____

经公司研究决定，给予您_____惩戒，

自_____年_____月_____日起生效。希望您努力改正，继续为公司服务！

　　罚款：处罚金额_____元。（□ 一次性处罚　　□ 按月扣取）

　　降级：由原职级_____降至_____职级。

　　（基本工资为_____元/月，其他工资为_____元/月，共计_____元/月）

××商业经营管理有限公司

行政人事部

年_____月_____日

受惩戒人签字：_____

二十五、辞退通知书

_____先生/女士：

　　因为您_____，公司决定与您

解除劳动关系，工资结算到_____月_____日为止，请您在_____月_____日

前来公司办理离职手续。逾期不办，作自动离职处理。

××商业经营管理有限公司

行政人事部

年_____月_____日

签收人：_____　　　签收日期：_____

二十六、岗位交接清单

部门：　　　　　交接岗位：　　　　　　　交接时间：　　　年 月 日

类　别	名　称	数　量	备　注
文件类			
电脑文档			
资料类			
物品类			
其他类			

我确保已将本岗位保存的文件、资料及物品，全部移交完毕。否则，愿承担由此导致的一切后果。 移交人签名： 　　　　　年 月 日	我已收到以上文件、资料及物品，今后如发现短少，将由本人承担责任。 接交人签名： 　　　　　年 月 日	在我的监督下，以上资料已妥善移交。 监督人签名： 　　　　　年 月 日

二十七、岗位证书登记表

部门	姓名	职务	资格证书名称	发证机构	发证日期	证件有效期	核证人	证件续办情况

二十八、嘉奖（处分）审批表

姓名		部门		职位		工号	
嘉奖类型	□ 嘉奖 □ 特别加薪		□ 奖金 □ 升职/加薪				
处分类型	□ 警告 □ 降职/降薪		□ 罚款 □ 辞退				
表现评述							
部门意见							

以下由行政人事部填写：生效日期＿＿＿年＿＿＿月＿＿＿日

以往嘉奖记录	
以往处分记录	
备注	特别加薪金额＿＿＿元　　（□ 一次性嘉奖　　□ 按月发放） 升职：由原职级＿＿＿＿升至＿＿＿＿职级 罚款金额＿＿＿元　　（□ 一次性扣罚　　□ 按月扣罚） 降职：由原职级＿＿＿＿降至＿＿＿＿职级
签批	行政人事部经理　　　　　　　　　　　　　　　　总经理 ＿＿年＿＿月＿＿日　　　　　　　　　　　　＿＿年＿＿月＿＿日

二十九、内部调动函

_____先生/女士：

公司决定，把您从_____部处调到_____部处任_____职务，请于_____月_____日前去报到。

××国际商业广场商业经营管理有限公司

行政人事部

_____年_____月_____日

签发人：_____

三十、嘉奖通知书

_____先生/小姐：

您因_____

_____

经公司研究决定，给予您_____奖励，

自_____年_____月_____日起生效。希望您继续努力，为公司作出贡献！

奖金：特别加薪金额_____元。（□ 一次性嘉奖　　□ 按月发放）

升职：由原职级_____升至_____职级。

（基本工资为_____元/月，其他工资为_____元/月，共计_____元/月）

××国际商业广场商业经营管理有限公司

行政人事部

年　　月　　日

受奖人签字：_____

三十一、假期申请表

姓名		工号		部门		职务	
假期类别							
薪资类别	有薪假期（　　）　　　　无薪假期（　　）						
休假时间	自_____年_____月_____日_____时 至_____年_____月_____日_____时 共计_____天_____时						
休假事由							
行政人事部							
主管领导							
总经办							

备注：所有休假人员须提前一个星期填写此表。

三十二、员工请假申请表

申请日期：

姓名			部门			职务		
类别	事假	病假	婚假	丧假	公假	工伤	产假	其他
请假事由								
请假日期	自_____年_____月_____日_____时 至_____年_____月_____日_____时 共计_____天_____时							
部门主管								
行政人事部经理								
副总经理/总经理								
实际销假（行政人事部填写）								

备注：经理级以下者请假一天，由部门经理批准；一天以上三天以下由行政人事部经理批准；三天及以上由副总经理或总经理批准。

三十三、职务任免审批表

姓 名		编 号		职 类		所属部门	
类 别		□ 录用	□ 升职		□ 降职	□ 转岗	
进入本公司时间		现职务 （新录用人员不填此项）					
拟任命职务		任命时间			年 月 日		
拟免职务		免职时间			年 月 日		

任免事由：（注：1. 新录用人员不填此项。2. 篇幅不够可另附页说明）

部门意见：（新录用人员不填此项）

行政人事部意见：

公司领导意见：

三十四、通知书

_____先生/女士：

一、您在本公司规定的试用期内，经考核，公司决定对您：

    1. 继续试用（   ）

    2. 正式录用（   ）

    3. 辞   退（   ）

    4. 开   除（   ）

    5. 其   他：_____

二、请您于_____年_____月_____日上午_____时，携带相关物品及文件资料到行政人事部办理相关手续。

××国际商业广场商业经营管理有限公司

行政人事部启

_____年_____月_____日

三十五、劳资执行通知书

致：财务部

姓　名		参加工作时间	年　月　日
新任职单位		原任职单位	
新任职务		原任职务	
劳资变动原因	□ 1. 试用工资核定　　□ 2. 转正工资核定 □ 3. 调升工资核定　　□ 4. 考核晋升工资核定 □ 5. 临时工工资核定　□ 6. 降级工资核定		

同　意＿＿＿＿＿＿＿，工资核定为＿＿＿级，其中：

基本工资＿＿＿＿＿元，出勤工资＿＿＿＿＿元，

职务工资＿＿＿＿＿元，电话补贴＿＿＿＿＿元，

住房补贴＿＿＿＿＿元，交通补贴＿＿＿＿＿元，

社会保险＿＿＿＿＿元，意外保险＿＿＿＿＿元，

带车补贴＿＿＿＿＿元，其他工资＿＿＿＿＿元。

共计＿＿＿＿元。

从＿＿年＿＿月＿＿日起执行。

行政人事部经理签章：

年　　月　　日

三十六、加班申请表

部　门：　　　　　　　　　　　　　　　　　　填报日期：　　年　　月　　日

员工编号		姓名		职位	

加班时间：由＿＿年＿＿月＿＿日＿＿时＿＿分起
　　　　　至＿＿年＿＿月＿＿日＿＿时＿＿分止
　　　　　共＿＿天＿＿小时

加班事由：

直接主管意见		上一级主管意见	
备注			

注：1. 加班需依照公司加班规定执行。

　　2. 考勤员保存此单，以作考勤统计凭证，行政人事部将不定期核查。

三十七、月份考勤汇总表

部门：

姓名	工号	1	2	3	4	5	6	7	8	9	10	11	12	13	14	15	16	17	18	19	20	21	22	23	24	25	26	27	28	29	30	31	合计					
																																	正常	迟到	旷工	事假	病假	公假

备注：正常：√ 例假：□ 迟到、早退：× 旷工：△ 事假：※ 病假：○ 公差：◎

制表日期： 审核/日期：

三十八、工资结算单

姓 名		部 门		职 务	
入职时间		离职时间		上班天数	
剩余休息		罚 款		工资级别	
基本工资		其他补贴		合 计	
备 注					

审批：_____ 审核：_____ 制表：_____

_____年_____月_____日

领款人签名：_____

三十九、离职申请表

姓名		编号		职务		所属部门	
入本公司时间		转正时间		离职种类			
				□ 辞职　　□ 辞退　　□ 合同期满			

原因：

签名：

年　月　日

部门意见	核定办理离职手续日期	
行政人事部意见		
公司领导意见		

四十、停薪通知书

致：财务部

姓　名		参加工作时间	年　月　日
任职部门		职　务	
停薪原因	□ 1 辞退　　□ 2 辞职　　□ 3 开除　　□ 4 退休		

该员工＿＿＿＿＿已经公司批准，劳资按原＿＿＿＿＿＿＿＿等级计至＿＿＿年＿＿月＿＿日止。

行政人事部签章：
年　月　日

四十一、终止劳动合同通知书

＿＿＿＿＿＿先生/女士：

您与我公司所签订的劳动合同将于＿＿＿＿年＿＿＿＿月＿＿＿＿日到期，公司决定不再与您续签下年度劳动合同。请于＿＿＿＿年＿＿＿＿月＿＿＿＿日到公司办理离职手续，工资结算至合同到期之日止。

××国际商业广场商业经营管理有限公司
行政人事部
年　月　日

签收人：＿＿＿＿＿＿　　　签收日期：＿＿＿＿＿＿

四十二、员工离职交接清单

姓 名		进入本公司时间		职 务	
部 门		转正时间		最后工作日	
离职类别		□ 辞职	□ 辞退	□ 合同期满	

请按下列程序办理离职交接手续，如各项工作、物品交接完毕，请签字确认：
1. 以下空格不足可附纸填写（工作交接内容可附纸填写）；
2. 移交物品中如有遗失或损坏，经办人应在"备注"栏中注明，由财务部在其工资中扣除。

部门	项目	交接物品	单位	数量	备注	经办人确认	部门经理确认
员工所属部门	宿舍物品						
	宿舍钥匙						
	储物柜钥匙						
	办公/工作用品、用具	1					
		2					
		3					
		4					
		5					
	文件、资料、书籍	1					
		2					
		3					
		4					
		5					
	办公钥匙						
	门禁卡						
	工作牌						
	劳保用品	1					
		2					
	其 他	1					
		2					
行政人事部	工作服						
	书 籍						
	文件资料						
	员工手册						
	暂住证						
	饭 卡						
	其 他	1					
		2					
		3					
财务部	借款/账务清算	1					
		2					
	其 他						

第二章　员工手册

董事长题词

服务社会　回报社会

因为热爱，我们选择；
因为真情，我们感动；
因为耕耘，我们收获；
因为认可，我们无悔。

董事长：＿＿＿＿＿＿

_____女士（先生）：

您好！

欢迎您加入我们的行列，成为××国际商业广场管理公司的一员！

在这里，

追求卓越是我们永恒的目标。

保持与众不同的优势是我们不变的追求和原则。

在我们的创业中，既包含高品质的商品，又蕴涵着一流的服务水平和精神。

我们的员工让团队效应与忧患意识发挥最大效能。

服务第一，是我们共同的理念。

我们要永远保持领先！

有您们的加入，我们更有信心。

欢迎您，亲爱的女士（先生）们！

我们庄严宣誓：

信守公司理念　维护企业形象；
遵从员工手册　执行规章制度；
服从上级指挥　完成工作任务；
勤奋责任协作　诚信业绩微笑。

总经理：_____

第一节　总　则

本手册根据公司章程以及公司人事、行政、财务等方面的规章制度而制定，它能指导您了解任职期间的有关准则和制度，提供您可享受的权利、所应承担的责任和应尽的义务等资料。熟悉了这些内容后，您将对公司运作和管理风格有一个更清楚的认识，包括您对我们的期望和我们对您的期望。

此版《员工手册》系试用版，由于公司的发展与经营环境在不断变化，本手册中规定的政策有可能随之作出相应的修订，您若有不明确的地方，请提出疑问。我们希望您作为××国际商业广场商业经营管理有限公司的一员感到愉快。

本手册解释权属于公司行政人事部。

第二节　员工守则

一、员工工作态度

勤奋——员工最基本的工作态度。勤奋出效率，勤奋出业绩，勤奋才能发展，勤奋才能提高。

责任——无论是服务还是日常的管理工作，员工都应尽职尽责。力求得到及时圆满的效果，给人以效率高的良好服务印象。

协作——各部门之间、员工之间应互相配合，真诚协作，不得互相扯皮，应同心协力解决疑难，维护公司名誉。

诚信——诚实守信是员工必须具有的品德，有事必报，有错必改，不得提供虚假情况，不得文过饰非，阳奉阴违。

业绩——员工工作的出发点和归宿点。员工必须围绕工作业绩来策划和开展自己的工作。

微笑——微笑服务是最基本的，也是行之有效的服务手段和方式。员工应注意时刻保持亲切微笑状态面对客户和同仁。

二、员工行为规范

1 遵守国家法律法规，不得参与打架斗殴、赌博、卖淫嫖娼、贩毒吸毒、盗窃等违法犯罪活动。

2 忠于职守，不做有损公司的事，时刻维护公司的利益，树立公司的良好形象。

3 工作时应保持服装、发式整洁，大方得体。

4 在工作场所讲普通话，不得大声喧哗，影响他人办公。工作场所称呼领导为姓加职务，不得直呼其名。

5 工作中时刻注意自己的言谈、举止，保持良好的坐姿站姿。在公共场所不应有双臂交叉、抖腿等不雅之举。与人交谈，应做到语调温和，用词准确礼貌，不粗声大气、手舞足蹈。

6 外出乘车，下级应坐在司机右侧，上下车时应先为领导开车门，后上先下。行走时应落后领导半步至一步，遇领导迎面而来时应主动让路。

7 在允许吸烟场合但有女士在场时，应先征求女士意见，经同意后方可吸烟。

8 随时保持本岗位所辖范围内的卫生清洁。

9 员工在工作时间内，不许串岗或相互闲聊，不许大声喧哗，不干与工作无关的事。

10 员工在工作时间内，不许打私人电话，特殊情况不许超过三分钟。员工不许利用公司电话打私人长途，如有违反每次罚款 100 元人民币。

11 未经允许不得打印、复印个人资料，严禁拷贝公司资料，不得使用公司设备、工具干私活、办私事。特殊情况须经总经理批准，产生的费用由本人承担。

12 上班时间员工不许利用电脑玩游戏或上网聊 QQ，或做与工作无关的事情，一经发现，罚当事人人民币 50 元/次。

13 除公司业务部门因业务需要外，其他员工必须按公司规定的作息时间上下班，因工作未完成的，员工须自动延时工作。

14 妥善保管办公用品，桌面物品摆放整齐有序，下班前必须将所有文稿放置妥当防止遗失、泄密。

15 注意防火、防盗，发现事故隐患或异常情况立即报有关部门处理，消除隐患。

三、员工的基本职责

1 遵守公司各项规章制度。

2 遵守本岗位所属部门的各项管理规定。

3 遵循公司利益第一的原则，自觉维护公司利益。

4 严格按公司管理模式运作，确保工作流程和工作程序的顺畅高效。

5 服从上级指挥，服从分配，服从调动，不推诿，不扯皮，不顶撞上级。

6 发现上级有损害公司利益的行为，可越级投诉。

7 按岗位描述要求按时、按质、按量完成各项工作任务，并接受监督检查。

8 按时完成自身岗位的工作指标，按规定时限完成任务。

9 对于上级安排的工作任务要严格执行"四小时复命制"。

10 爱护公司公物。

11 客户投诉时要及时上报或处理，并存档。

12 未经批准，员工不得向外界传播或提供公司的一切重要资料，每位员工都有为公司保密的义务。

13 确保外出活动登记表记载真实，并接受监督检查。

14 监督检查同事的行为活动和工作，发现问题及时指出并帮助改进，拒不接受者应及时上报。

15 对工作流程、工作程序中不合理之处及时提出并报直接上级，确保工作的高效。

16 努力提高自身素质和专业业务水平，参加培训、考核。

17 下班前认真检查水、电、各种设施、设备等安全装置，消除隐患，确保公司员工生命财产安全。

四、员工礼仪

（一）仪容仪表

1 商务活动以及重要会议，男士穿西服套装系领带，夏季应穿衬衫系领带；女士宜根据不同场合，着职业套装、套裙、时装，但不宜太祖太露。

2 日常上班一律穿指定的工作服，佩戴工作牌。

3 言行举止大方，着装整齐干净，仪容洁净。

4 男士不得留长发、怪发，女士不得留怪异发型，不得化浓妆。

5 工作、商务活动、出差时，均不得穿着休闲服饰，必须着深色套装或是适宜的服装。

（二）电话礼仪

1　所有来电，务必在三响之内接听。

2　接电话先问好、报公司名称或部门及自己的全名，后讲"请问有什么需要帮助的"，不得颠倒顺序。

3　通话时，听筒应放在耳朵上，话筒置于唇下约五公分处，中途若必须与他人交谈，请先向通话对方致歉，然后再用另一只手捂住话筒。

4　必要时要做好通话记录，通话要点要问清，然后向对方复述一遍。

5　对方挂断之后，方为通话完毕，不得先于对方挂线，不得用力掷听筒。

6　打电话前，应先明确通话内容，做到思路清晰、条理清楚。谈话顺序为：a. 问候；b. 公司名称；c. 表明自己身份和姓名；d. 正题；e. 记录；f. 再见。谈话时间不宜过长，应遵循"三分钟原则"。

7　办公时间原则上不准接打私人电话，家人有急事来电，应从速简洁结束通话。他人接听，须代为传达。禁止当着客人面打私人电话、谈家事或与工作无关的话题。

（三）接待重要客人

1　要整理好内务，穿戴整齐。

2　迎接重要客人时，有关领导及主要管理人员要出门等候，不能坐在室内静候。

3　客人到来应主动趋前为其打开车门，将手放在车门框边沿，以免客人碰到头部。

4　客人下车后，热情问候，主动握手。

5　工作人员将客人引入会客室后，为双方互相介绍，安排好席位、茶水，会议开始后，工作人员即可退下。

6　他人交谈时，不要随便去听或随意插话，若要打断，应等对方谈话告一段落时，说声"对不起，我打断一下可以吗？"得到允许后再插话。

7　客人在过道或楼梯间时，主人不能从客人中间穿过。如要通过，应先道一声："对不起，请让一下"，待对方挪动后再从侧面通过。

8　送客时，应等客人站起来后再起身，面带微笑，亲切道别，客人伸手之后再伸手握别。

9　对一般的客人送到门口，等待客人提出"留步"后方可说："原谅我不能远送，欢迎再来！"返身进门时关门要轻，不能重重一扣，否则容易引起客人误会。对于重要客人、领导或长辈，应扶送上车，等待车子启动，面带微笑挥手道别，直到车子远去。

第三节　组织与人事管理

一、入职须知

1　任何新进员工必须先由行政人事部初步面试，双方沟通，基本确认可行，方可进行复试。

2　经行政人事部初步面试通过的，另行通知复试。复试时，新进员工必须详细阐述、展现及证明个人综合能力和素质。

3　新员工加入公司一律实行试用制。试用期为三个月。特殊情况可适当延长试用期，最长不超过六个月。此期间，如果您感到公司实际状况、发展机会与预期有较大差距，或由于其他原因而决定离开，可提出辞职，并按规定办理离职手续；工作表现出色者，可提前转正。

4　在试用期内，如果您的工作无法达到公司的要求，不能完成任务，公司将会终止对您的试用。

5　新员工在试用期内辞职或被辞退，公司不给予任何经济补偿。

6　新员工加入公司时，须向公司提供相关资料或证明：

▲ 如果您是本市户口请交身份证、学历证、职称证、专业技术等级证、独生子女证（婚育证明）等证件的复印件并交原件查验。

▲ 如果您是暂住户口除提交本市户口员工所需的证件外，还需提交流动人口计划生育证明（由户籍所在地街道办事处或居委会办理，已婚或未婚均须提供）、有效暂住证的复印件并交原件查验。

▲ 如果您是暂住户口，需有本市户籍人士为您做担保。该担保人须有正式工作单位，并提供单位出具的身份证明（或工作证）、家庭住址、办公或住宅电话，提供身份证复印件，并查验原件。

▲ 您需亲自填写准确的个人资料，并到县级以上医院进行全面体检，提交身体合格的体检报告和近期免冠证件照三张。

7　当个人资料有以下更改或补充时，请您于发生变化后十五天之内填写《员工个人情况变动申报表》，将有关证件的复印件（需交验原件）一起交公司，以确保与您有关的各项权益：

▲ 姓名。

▲ 家庭地址和电话号码。

▲ 户籍状况。

▲ 婚姻状况。

▲ 直系亲属状况。

▲ 公司指定银行账号。

▲ 出现事故或紧急情况时的联系人。

▲ 担保人资料。

▲ 培训结业或进修毕业。

▲ 业余培训证书。

8 资料不全者，应限期办理，否则首月薪资将暂缓发放。

9 公司保留审查您所提供个人资料的权利，如有任何情况失实，公司可解除劳动合同或采取其他处理方式，由此产生的一切后果，由提供虚假资料者承担。

10 离开公司人员的资料恕不退还。

11 接到录用通知后，您应在指定日期到录用部门报到，如因故不能按时前往，应提前与有关人员取得联系，另行确定报到日期。报到程序包括：

▲ 办理报到登记手续，领取工作牌、办公用品和资料等。

▲ 与试用部门主管或行政人事管理员见面，接受工作安排。

12 公司将在您为公司服务一个月内与您签订临时劳动合同。个人资料未按要求备齐者，不具备签订临时劳动合同的资格。在此之前如您与其他单位订立了仍在生效的劳动合同，请提前知会所在部门主管。

13 如在试用期内请假，您的转正时间将会被顺延。试用期内，请假时间累计超过 3 天视为自动离职。

14 如试用合格且完成职前培训课程及试用培训考试通过，您可填写《员工考核转正表》。

15 转正后，公司将为您办理其他人事手续，以保障您的权益。

二、工作时间

(一) 考勤

1 员工必须遵守公司的作息时间，按时上下班，不许迟到、早退，不得旷工。

2 凡规定上班时间未到者按迟到论处，超过 30 分钟以上者，按旷工半天论处。提前下班者按早退论处，超过 30 分钟者按旷工半天论处，迟到、早退一次罚款 10 元。

3　迟到或早退累计三次者视为事假一天，扣发一天工资，在上班时间离岗，请假未续假者按旷工论处，并扣发旷工工资，连续旷工两天以上或一年内累计旷工三天以上，开除。

4　公司实行轮休制作息时间，每周六天制，每日上班时间为：上午 8:00~12:00；下午 14:00~18:00。（有其他轮班需求的部门以本部门工作时间作息表为主）

5　上下班实行打卡制。

6　所有员工上下班均需亲自打卡，任何人不得代理他人或由他人代理打卡，违反此条规定者：第一次，扣发代理人当月工资；第二次，代理人作开除处理，被代理人扣发当月工资。

（二）请假

1　员工因病、因事请假，须提前一天填写《员工请假单》按审批权限逐级上报，经批准后方可休假。

2　情况特殊来不及请假者，应采用电话或其他方式向主管领导请假，并于上班第一天到行政人事部补办准假手续。病假须有医院出具的病假证明方可补办病假手续，没有有效证明则按事假处理。

3　上班时间临时性请假外出，行政人事部将累计员工请假时间，满一天时按事假处理。

4　上班时间临时去医院就诊，时间在半天之内者，当事人须提供医院相关的就诊证明，并按就诊时间累计以病假处理。否则视做事假处理。

5　员工原则上连续请事假不得超过五天。

6　未按管理权限履行请假审批手续而擅自离岗休假的员工，其假期一律按旷工处理，除扣发工资、奖金以外，情节特别严重者，给予辞退处理。

7　请事假将被扣除当日全额薪金及当日补贴。

8　因参加社会活动请假，需经领导批准给予公假，薪金照发。

9　员工请假结束后，须按相应程序履行销假手续。

（三）审批权限

1　员工请假一天以内，由部门领导批准；一天以上三天以下由部门主管领导审核后报行政人事经理批准；三天以上的报分管副总或总经理批准。所有请假须报行政人事部备案。

2　外派员工由所在主管负责人审批。

3　外派员工请假一天以内的由所在主管负责人审批，报公司行政人事部备案。

4 外派员工请假二天以内的由所在主管负责人签署意见，报公司审核批准。

三、工资福利

（一）工资

1 本公司工资构成：基本工资 + 福利 + 奖金。

2 工资级别的确定以职务、能力、贡献、责任为主，按照工作岗位、工作能力、贡献大小、责任大小的差异，确定不同的工资级别。

3 公司对员工工资严格保密。员工不得私下传递、通报工资情况。情节严重者，公司给予开除处理。

4 员工工资按实际工作天数计发。员工请假，按请假类别相应扣减工资。

5 工资每月支付一次。员工会在工资发放的同时收到一份工资单，列明收入的组成。如果发现工资单中出现了错误，请及时与部门经理或行政人事部联系。

6 公司于每月 15 日前将上月薪金转入个人的银行账户中，如遇节假日，时间顺延到最近的工作日。

7 个人所得税由公司代为在工资中扣除。

8 每年四月，公司将根据政府颁布的上年物价上涨指数、员工的工作表现及其他条件给每位正式员工调整薪金。

9 通过试用期的员工，公司将根据员工的能力和工作表现对其薪金做相应的调整。

（二）福利

1 您可享受本手册规定的重要节假日休假，期间照常支付您的工资。若节日期间因工作需要加班，公司可安排您调休或计发加班费。

重要节假日如下：

元旦   放假一天
春节   放假三天
五一劳动节   放假三天
国庆节   放假三天

年休假：在公司服务满一年的员工，每年可享受五天年休假；三年以上五年内的员工可享受七天年休假；五年以上的员工可享受十天年休假。年休假期间工资全额发放。

婚假：已转正员工结婚可请婚假，婚假为三天，晚婚（男 28 周岁、女 25 周岁以上）为七天，另可酌情给予路程假。婚假期间享有全额工资。

产假：女员工生育（独生子女）可休产假 90 天，晚育可休产假 105 天。产假期间只发放基本工资。

护理假：在公司服务满一年以上的男员工，妻子生产期间，可享受七天的有薪护理假，享受全额工资。

丧假：员工直系亲属（仅配偶、父母、子女）死亡可享受丧假三天。丧假期间享受全额工资。

病假：员工一年内可享受七天有薪病假，工伤病假除外，有薪病假内（须医院开具病假证明），享受全额工资；一年内累计病假十五天（含七天有薪病假）内，给予发放基本工资；累计超过十五天的一律按事假处理，按事假扣除相应工资。

工伤病假：按国家有关规定办理相关手续。

2　在公司工作的正式职工，公司将为其办理社会保险及人身意外安全保险。

3　员工在法定假日内加班，工资按国家相关规定计发。

四、培训考核

（一）培训的种类

【职前培训】

新员工到岗一个月之内，必须参加由公司行政人事部组织的职前培训。培训内容为公司概况、规章制度及员工手册等。

职前培训考试（核）合格后，方能签订临时劳动合同。考试（核）不合格，允许补考一次。补考不及格者，给予辞退。

【试用培训】

新员工到岗一个月之内，必须参加试用培训。内容为新员工岗位所必需的应知应会知识。

【基本达标培训】

公司组织，使员工基本掌握履行职务所必需的知识、技能及应具有的态度为目的的系统培训。

【完全达标培训】

公司组织，使员工完全掌握履行职务所必需的知识、技能及应具有的态度为目的的系统培训。

【提升达标培训】

公司组织，使员工精通履行职务所必需的知识，技能为目的的系统培训。

【晋职培训】

对拟晋升到更高一级职位的员工进行的培训。

【专题培训】

根据员工不同类别而组织的有关现代经营管理理念、现代管理理论和技术的专门培训。

【司外培训】

工作岗位或工作性质所必需，并经公司批准的员工的司外培训，公司给予全额费用报销，但必须学习合格，且须从报销之日起为公司服务三年。工作不满一年者，须全部退还所报销费用。工作满一年，但不满二年者，须退还所报销费用的 65%。工作满二年，但不满三年者，须退还所报销费用的 30%。（服务起止日）

（二）考核

【年度工作及业绩考核】

各类员工由所在部门或公司安排进行业绩考核和工作考核，考核内容涉及员工仪容仪表、考勤、工作态度、服务质量、操作规程、工作效率及效益等，考核成绩将与每年年底的"奖金工资"直接挂钩，并作为晋升和年度考评的重要依据。

根据"讲工作业绩、讲员工拥护、讲领导认可"的评优评先原则，公司每年评选优秀员工，予以奖励。

五、奖罚规定

（一）奖励

1　如有下列情形之一者，公司将予以奖励：

▲ 对公司管理、提高服务质量有重大贡献者。

▲ 在服务工作中，创造出优异成绩、屡受顾客或商户表扬者。

▲ 发现事故苗头及时采取措施，防止重大事故发生者。

▲ 严格控制开支、节约费用有显著成效者。

▲ 为公司取得重大社会荣誉者。

2　按程度不同依次为通令嘉奖、奖金（奖品）、加薪、职务晋升、专项奖、授予荣誉称号。

3　所有奖励均须由所在部门推荐、行政人事部审核、总经办领导批准。

4　奖励方式：下发《嘉奖通知书》。

（二）处分

处分共分为：警告、罚款、降薪、降职、辞退、开除。

1 如有下列行为之一者，予以批评、警告及罚款等处分：

▲ 仪容不整、上班时不穿工作服或服装不整洁，不按规定佩戴工作牌。

▲ 迟到、早退、上下班不打卡或签到。

▲ 上班时间擅离岗位、闲逛、干私人事情，收听（看）广播、录音机、电视机。

▲ 上班时间吃东西、用公司电话办私人事情。

▲ 在办公区域高声喧哗或发出不必要的声音。

▲ 随地吐痰，乱丢烟头、纸屑等。

▲ 工作散漫，粗心大意。

▲ 因疏忽，不小心损坏公司或商户及顾客的财物，酌情处理，情节严重者处以一至十倍的罚款，直至除名。

▲ 违反公司有关规章制度及操作流程。

2 如有下列行为之一者，将视情节轻重、后果大小给予降职、降薪、辞退处理：

▲ 上班时间睡觉。

▲ 擅离工作岗位，经常迟到、早退，委托他人或代他人签到打卡。

▲ 蓄意破坏、损坏、偷窃公物或顾客之物品。

▲ 对顾客或商户不礼貌、与顾客争辩。

▲ 吵闹、粗言秽语、违反公共场所秩序，扰乱公司安宁。

▲ 未经商户允许擅自进入商户房间。

▲ 进行公司不允许的活动或变相赌博。

▲ 未经批准，私自配置公司或商户锁匙。

▲ 涂改、伪造单据、证明，拾遗不报。

▲ 不服从上级领导的正确命令。

▲ 搬弄是非、诽谤他人、拉帮结派、影响团结、影响声誉。

▲ 违反公司规定的操作流程，造成损失。

▲ 企图强迫同事加入任何组织、社团的。

▲ 未经总经理批准、私自复印或向外传播公司有关文件资料。

3 如有以下行为之一者，作即时辞退处理，并须赔偿由此给公司造成的损失：

▲ 贪污、盗窃、受贿、行贿。

▲ 侮辱、谩骂、恐吓、威胁他人、与顾客或商户吵架。

▲ 向顾客或商户索取小费、物品或其他报酬。

▲ 道德败坏；乱搞男女关系。

▲ 传播淫秽书刊、录像或使用毒品、麻醉剂、兴奋剂。

▲ 酗酒、赌博或打架，恶意破坏公物或顾客及商户物品。

▲ 未经批准私自外出兼职或利用病休另谋职业。

▲ 利用职权营私舞弊、谋取私利、假公济私。

▲ 玩忽职守、违反操作规程、造成严重后果。

▲ 经常违反管理规定，屡教不改。

▲ 连续旷工二天或一年内累计旷工三天。

▲ 由于工作失职使公司、商户、顾客财产受到严重损失。

▲ 总经理认为可采取纪律处分的其他情况。

4 处分方式：下发《惩戒通知书》。

5 如行为触犯刑律的，由司法机关依法惩处，公司将无条件对当事人予以解除劳动合同处理。

6 在做出处分裁决时，当事人有权申述当时的处境和理由。当事人若对考核评分和纪律处分不满，可保留个人意见书面向公司提出申诉。

7 职员申诉必须逐级反映情况。（如上级处理不公可越级申诉）

六、费用开支规定

1 费用报销凭证必须首先由行政人事部审核，后由财务部审核。

2 财务部统一报销的费用包括差旅费、交际费、交通费及其他零星费用。设备款及物资采购款由经办人根据有效原始凭证填制付款申请单自行报批付款。

3 费用报销时间为每周二、五下午。各部门费用报销单分别于每周六、三下班前报行政人事部及财务部负责人审核，并于规定时间报总经理审批。

4 加班或因公外出的交通费经部门主管批准，并注明其时间、起止点和事由。

5 出差费用报销参考出差管理规定的标准。

6 借款规定：

▲ 因公出差、交际应酬、购买物品借款，经手人必须填写业务申请单、部门责任人审核签字报总经理批准后给予借款。

▲ 任务完成后一周内到财务部办理报销清还手续，对借款未还清者，不得再借支备用金，对超过一个月不归还的借款，从该职员下月工资中扣除。

▲ 因员工个人原因，需向公司借款，原则上借款的比例不得高于其职务工资。

7 严禁虚假报销及报销不实，一经发现及核实，公司以开除论处，当月工资不予以计发。

七、离职手续

1　员工因故辞职必须提前 30 天向公司提出申请，递交《辞职申请表》，经批准并办理完相关手续后，方可离开公司。未提前 30 天提出书面申请者，公司可要求其赔偿一个月平均工资作为补偿。

2　经理级以上重要职务人员辞职必须提前 60 天向公司提出申请，递交《辞职申请表》，经批准并办理完相关手续后，方可离开公司。未提前 60 天提出书面申请者，当月工资不予计发，并可要求其赔偿因此而给公司带来的损失。

3　公司有权对下列情况之一者即时解除劳动合同，而无须事先通知：

▲ 试用期间不符合录用条件的。

▲ 严重违反公司管理制度、规定和职业道德的。

▲ 严重失职、营私舞弊，对公司利益造成重大损害的。

▲ 被依法追究刑事责任的。

▲ 违反《治安管理处罚条例》被公安机关收容教育、行政拘留的。

▲ 提供虚假资料骗取公司信任被公司聘用的。

▲ 法律法规规定的其他情形。

4　期满后公司不再与之续签劳动合同的雇员应于合同期满之日办理离职手续。

5　未经批准而擅自离开工作岗位两天或两天以上的员工；辞职、辞退、合同终止不再续签的员工，未按公司规定的日期和程序在五个工作日内办理完离职手续的，公司原则上视其为自动离职。

6　员工自动离职后，其所在部门须在其自动离职之日起三个工作日内通知行政人事部。

7　对自动离职的员工，公司不再为其办理相关结算手续；同时，公司将视其损害公司利益的程度，保留相应追究其责任的权利。

八、调职与晋升

1　公司有权根据员工的能力、工作表现和公司的实际需要，将员工调至公司内任何部门及任何岗位工作，我们深信这将有利于发挥员工的潜质。

2　调动前需完备调职手续，交接好工作。公司范围内的任何私下协议跨部门调动都是公司不允许的，违者将作自动离职处理。

3　调职前需接受调职培训，以便对新工作、新环境及新职务有一个基本了解。

4　公司鼓励员工努力工作，并为工作勤奋、表现出色、能力出众的雇员提供晋升和发展的机会。如果符合下列条件，将有机会获得晋升，薪金亦会相应增加：

▲ 具备良好的职业道德。

▲ 有强烈的责任感和进取心。

▲ 工作勤奋。

▲ 有较强的分析、解决问题和圆满达成目标任务的能力。

▲ 有良好的协作、沟通能力。

▲ 具备其他与职务要求相关的综合能力。

▲ 年度考核成绩处于部门中上水平。

▲ 已参加过拟晋升职务须接受的相关培训，且成绩合格。

第四节　员工行为准则

一、基本原则

1　公司倡导精诚团结，发挥"主人翁"的团队精神，追求"快乐融洽"的工作氛围和环境。

2　无功便是过，反对"随大流"作风。

3　员工的一切岗位、职务行为，都必须以维护公司利益、对社会负责为目的，任何私人理由都不应成为其职务行为的动机和借口。

4　员工因违反职业道德规定，给公司造成经济损失者，公司将依法追究其经济赔偿及法律责任。

二、经营活动

1　员工不能超越本职业务和职权范围开展经营活动。

2　员工除本职业务外，未经公司法人代表、总经理授权或批准，不能从事以下活动：

▲ 以公司名义考察、谈判、签约。

▲ 以公司名义提供担保、证明。

▲ 以公司名义对新闻媒介发表意见、消息。

▲ 代表公司出席公众活动。

三、兼职

1　未经公司批准，员工不能在外兼任获取薪金的工作，否则视为自动离职，并承担相应责任。

2　禁止下列情形的兼职：

▲ 在公司内从事外部的兼职工作，或者利用公司的工作时间和资源从事所兼任的工作。

▲ 兼职于公司的业务关联单位、商业竞争对手。

▲ 所兼任的工作构成对本单位的商业竞争。

▲ 因兼职影响本职工作或有损公司形象的。

四、个人投资

员工可以在不与公司利益发生冲突的前提下，从事合法的投资活动，但禁止下列情形的个人投资：

1　投资于公司的客户或商业竞争对手的。

2　以职务之便向投资对手提供利益的。

3　以职务之便在公司内进行投资的。

4　以其他名义从事上述投资行为的。

五、利益

1　员工在经营管理活动中，不准索取或者收受业务关联单位的利益。

2　只有在对方馈赠的礼物价值较小（按公认标准），接受后不影响正确处理与对方的业务关系，而拒绝会被视为失礼的情况下，可以在公开场合接受。

3　员工在与业务关联单位的交往中，应坚持合法、正当的职业道德准则，反对以贿赂及其他不合法、不道德的手段获取的利益。

4　员工不能在损害公司利益或他人利益的情况下谋取个人利益。

5　员工不能挪用公款谋取个人利益或为他人谋取利益。

六、佣金与回扣

员工在对外联系业务活动中，遇业务单位按规定合法地给予的回扣、佣金一律上缴公司，公司再依本单位规定予以奖励，如个人侵吞，以贪污论处。

为公司创造经济利益的，公司依规定给予佣金或奖励。

七、交际应酬

1 公司对外的交际应酬活动，应本着礼貌大方、简朴务实的原则，不能铺张浪费。

2 严禁在对外应酬中涉及违法与不良行为，严禁少花多报，乱花滥报的行为。

3 严禁参与奢华宴请、赌博，以及明显是为了从我公司获取不正当利益的一切活动。

第五节 管理与沟通

一、内部管理

1 管理是服务：管理是为下属完成工作提供方便与条件，是为员工实现个人梦想，公司实现公司目标服务。

2 管理是协调：协调关系是管理最主要的内容，民主集中制是主要的领导方式，反对独断专行。

3 管理是权威：下级须服从上级，员工须听从领导安排。

4 员工必须学会自己管理自己，学会承担执行者与管理者的双重角色。

5 公司施行逐级管理制度。

二、外事管理

行政外事汇总归行政人事部负责，其他部门对外业务由部门经理负责跟踪。重大连贯性业务事宜应当安排两人同时跟踪，一名负责，一名协助。公司对外联系业务，实行四小时复命制，上级主管下达任何工作任务，务必在实施四小时内向所在主管领导具体汇报情况。

三、内部沟通

公司旨在建立良好、融洽、和谐的人际关系，创造舒心和顺的工作环境，保障员工与员工、员工与公司在工作和感情上沟通渠道的畅通，而且使我们能及时了解自己工作的得失，不断得到改进。

第六节　安全防护

一、防火

1　遇险时应尽可能呼救，争取相关人员的援助。

2　熟记火警电话119及火警讯号，熟悉办公区域的走火通道及出口位置，熟练掌握灭火器的使用方法，掌握火灾逃生技能。

3　在发生火灾时，要尽可能先报警或呼唤他人援助，报警时要镇静，报清姓名、火灾地点、火灾程度等基本情况。

4　在判断个人无法利用就近灭火器材扑灭或控制火情时，要利用平时学到的逃生技能逃离火灾现场。

5　全体员工应自觉遵守政府消防安全部门及公司的有关规定保护、维护好消防器材、保障各种场所防火通道的畅通，努力消除各种火灾隐患。

二、安全保卫

1　员工应自觉学习安全知识，学会一些紧急情况下的自救办法，在受到损伤或观察到某些危险情况时，要及时采取有效措施，并通知公司保卫部。发现形迹可疑或有不法行为的人和事，要及时向保卫部报告或拨打110报警。

2　员工有保护公司资产的义务，员工未经批准，不得将公司的资金、设备、产品等擅自赠与、转让、出借、抵押给其他公司、单位或者个人。员工对因工作需要配发给个人使用的交通工具、通信设备等，不准违反使用规定、作不适当用途，对盗窃或破坏公司资产的，必须采取有效手段加以阻止。

三、保密

1　遵守保密制度，不该问的不问，不该看的资料不看，不得在来宾面前议论公司的内部事务。

2　员工有义务保守公司的经营机密，并妥善保管所有的机密文件，不得将公司的内部资料等文件复印，拷贝携带出公司。

3　未经公司批准或授权，不准对外提供加密级的文件以及其他未公开的经营情况、业务数据。

4　公司员工离开办公室时，必须将文件放入抽屉或文件柜中。

5　严守秘密，不得以任何方式向公司内外人员散布、泄露公司机密或涉及公司机密。

6　调职、离职时，必须将经管的秘密文件或其他物品，交给离职人员上级领导，切不可随意移交给其他人员。

四、遇险呼救

▲ 报出准确详细的出事地点。

▲ 主要险情、病情。

▲ 呼救者电话、姓名。

五、常用电话

火　　警：119　　　　　交通报障：122

电话查询：114　　　　　救　　护：120

电话故障：112　　　　　天气查询：121

匪　　警：110　　　　　消费者权益保护：12315

第七节 员工权利及其他

一、员工权利

1　员工享有法律规定和公司制度赋予的权利，公司对这些权利予以尊重和保障。

2　对于明显违反《员工手册》的上级指令，员工有权拒绝执行并有越级上报的责任和权利。

3　对违反人事管理制度，使员工利益受到侵犯的行为，员工有权向公司有关部门提出申诉以得到公正待遇。

二、其他

本手册未尽事宜，按政府及公司有关规定执行。

本手册解释权归××国际商业广场商业管理有限公司。

第三章 行政管理规定汇编

第一节 行政管理规定

一、办公场所管理规定

1 目的。

为营造一个良好的办公环境，提高工作效率，树立公司形象，提高员工素质。

2 适用范围。

适用于行政人事部对公司各部门办公室环境的管理。

3 工作规范。

3.1 公司对办公场所实施"5S"管理：

3.1.1 整理：将办公场所的物品区分为必要的与没有必要的，有必要的留下来，其他的都清理掉，这样做的目的是腾出空间，防止误用，保持干净的工作环境。

3.1.2 整顿：把留下来的必需物品依规定位置摆放整齐，加以标示，使物品一目了然，节约找寻物品的时间。整齐的工作环境，清理过多的积压物品，有利于提升工作效率。

3.1.3 清扫：将办公场所彻底清扫干净，保持干净，创造整洁的环境。

3.1.4 清洁：保障前述三点的成果。

3.1.5 素养：公司每位员工在言行中养成良好的习惯，并遵循规章制度办事，培养积极主动的精神，营造团队精神。

3.1.6 行政人事部定期组织人员检查，发现问题勒令整改。

3.2 办公场所"5S"管理检查项目表：

3.2.1 整理。

项次	检查项目	检查人	责任人	得分	检查状况
1	通道状况			0	有很多杂物或脏乱
				1	虽能通行但要避让
				2	摆放物品超出通道
				3	超出通道，但有警示牌
				4	很畅通又整洁
2	办公场所办公用品设备材料			0	一个月以上未用的物品杂乱放置
				1	角落放置不必要的物品
				2	放置半个月以后用的物品
				3	一周内要用且整理好
				4	3日内要用且整理好
3	办公桌			0	不使用的物品杂乱
				1	半个月才用一次的物品也有
				2	一周内要用但物品过量
				3	当日使用但物品杂乱
				4	桌面及抽屉内均是最低限度的物品且整齐
4	文件表单资料			0	凌乱放置，使用时没法找
				1	虽显凌乱但可以找得着
				2	共同文件被定位，集中保管
				3	文件被定位放置
				4	明确定位，使用时任何人均可找到
5	个人物品			0	个人物品乱放影响环境
				1	个人物品放置不影响工作效率，整理及时
				2	个人物品定位放置
				3	个人物品放置，随时都遵守规则
				4	个人物品放置，与周边环境协调，不影响工作效率

3.2.2 整顿。

项次	检查项目	检查人	责任人	得分	检查状况
1	办公设备			0	破损不堪，不能使用，杂乱放置
				1	不能使用的集中放置
				2	能使用但脏乱
				3	能使用，不保养、不整齐
				4	摆放整齐、干净，处于最佳状态
2	文件档案			0	凌乱放置，使用时没法找
				1	虽凌乱，但可找得到
				2	文件集中保管，但分类不明确
				3	文件定位定置，集中保管，易于检索
				4	分类建档、编号、易于查找，目视管理
3	办公桌及抽屉			0	使用物品没整理，私人用品乱放置
				1	办公用品没有定位放置
				2	各时期使用的物品放置有理
				3	当日办公用具放置杂乱
				4	办公用具放置合理、整齐，工作效率高
4	消耗性物品			0	消耗性物品没定位放置，混乱不堪
				1	有定位放置，但不合理
				2	有定位放置，但没经常整理
				3	消耗性物品整洁，合理放置
				4	消耗性物品合理放置、整洁、卫生、秩序良好

3.2.3 清扫。

项次	检查项目	检查人	责任人	得分	检查状况
1	通道			0	有烟蒂、纸屑，通道两旁饰物上有明显尘埃
				1	虽无脏物，但地面不整洁
				2	地面有水渍，有灰尘不干净
				3	早上清扫过
				4	使用拖把清扫干净，很整洁
2	办公桌			0	文件、资料、档案很脏乱
				1	桌面物品放置不合理且多灰尘、脏渍
				2	桌面干净，但破损未修理
				3	桌面干净，文件、资料整齐
				4	桌面、四周均干净整洁
3	窗、墙壁、天花板			0	破烂、尘埃多、乱纸片多
				1	破烂，仅简单处理
				2	乱贴挂不必要的物品
				3	干净，定期清扫
				4	干净、整洁、舒适

3.2.4 清洁。

项次	检查项目	检查人	责任人	得分	检查状况
1	地面			0	脏物遍地
				1	有清洁但欠整理
				2	不能随时保持清洁
				3	周边环境相应清洁
				4	环境卫生整洁，保持较长时间
2	办公桌			0	很脏乱
				1	偶尔清理
				2	虽清理，但还显脏乱
				3	自我感觉良好
				4	他人都觉得舒服
3	洗手台卫生间			0	容器或设备脏乱
				1	破损未修理
				2	有清理，但还有异味
				3	经常清理，没异味
				4	干净整洁，加以标语提示

3.2.5 素养。

项次	检查项目	检查人	责任人	得分	检查状况
1	日常"5S"活动			0	没有活动
				1	虽有清洁清扫，但非"5S"计划性工作
				2	开会不对"5S"宣导
				3	平常能够做得到
				4	活动热烈，大家均有感受
2	服装			0	不按公司要求着装
				1	穿工服，但脏，没清洗，不整洁
				2	纽扣或领带未带好
				3	穿工服，戴识别证
				4	穿工服，有活力
3	仪容			0	不修边幅、脏乱
				1	男头发、胡须过长；女无头花、无淡妆
				2	头发没整理，男职员无领带
				3	均依规定整理
				4	精神、有活力

续表

项次	检查项目	检查人	责任人	得分	检查状况
4	行为规范			0	举止粗暴，口出粗言
				1	衣衫不整，不讲卫生
				2	自己的事可做好，但缺乏公德心
				3	公司规则均可遵守
				4	主动精神、团队精神
5	时间观念			0	大部分时候缺乏时间观念
				1	稍有时间观念，上班、开会迟到较多
				2	不愿时间约束，但会尽力去做
				3	约定时间，全力完成
				4	约定时间，提早完成

二、办公物资管理规定

1　总则。

为使办公物资管理合理化，满足工作需要，合理节约开支，特制定本规定。

2　物资分类。

公司办公物资分为低值易耗品、管制品、贵重物品、实物资产。

低值易耗品：笔、纸、电池、订书钉、胶水等。

管制品：订书机、打孔机、剪刀、美工刀、文件夹、计算器等。

个人保管物品：个人使用保管的价值 100 元以上并涉及今后费用开销的物资，如手机、助动车等。

实物资产：物资价格达 100 元以上，如空调、计算机、摄像机、照相机、电脑等。

3　物资采购与保管。

3.1　公司物资的采购，原则上由行政人事部统一购买，各部门于每月 28 日上报《部门物资采购申请表》交行政人事部汇总。其他属非规定时间内需购买的特殊物资，可由申购部门提出购买申请并填写《临时物资购买申请表》。《部门物资采购申请表》报行政人事部汇总审核，再由行政人事部制作《公司物资购买申请表》报请副总经理或总经理审批。

3.2　申购物品必须填写《部门物资采购申请表》或《临时物资购买申请表》，由行政人事部统一报总经理审批。

3.3　物资采购由行政人事部指定专人负责，并采取以下方式：

3.3.1　定点：公司确定大型供货机构进行物品采购。

3.3.2　定时：每月月初进行物品采购。

3.3.3　定量：动态调整，保证常备物资的库存合理性。

3.3.4　特殊物品：选择多方厂家的产品进行比较，择优选用。

3.4　物资采购完毕后由采购人员与行政文员共同验收入库，并签字确认。属部门特殊采购的物资，由采购人员与其部门主管共同验收并签字确认。所有采购物资由行政文员确认后入库并汇总制作《物资库存清单》。

3.5　行政文员核实《物资库存清单》后进行保管与发放，并定期对库存物资进行盘点，对所有办公物资进行归类汇编并填写《物资盘点表》。

3.6　分配在各部门的办公固定资产，由行政人事部统一进行登记编号并填写《办公室固定资产登记表》。各部门负责人对分配在本部门的办公固定资产确认签字，并负责保管与使用。

4　物资发放。

4.1　行政人事部于每月 5 号发放各部门申请采购的物资（采购物资必须是经过总经办批准的），其他如需要以旧换新或者临时采购的物资，于每周三和周五下午 14:00~16:00 到行政人事部领取，其他时间不予发放（特殊情况例外）。

5　物资领用管理。

5.1　公司根据物资分类，进行不同的领用方式：

低值易耗品：直接向办公室物资保管人员领用并需签字确认。

管制品：直接向办公室物品保管人员领用并需签字确认。

贵重物品：由领用人提出申请，经总经理审批确认后方可领用。

实物资产：由办公室设立实物资产管理台账，以准确记录固定资产的现状。

5.2　所有员工领用物资时必须填写《物资领用表》。

5.3　原则上再次领用同类物资时须以旧换新。

5.4　行政人事部负责记录各部门在办公用品使用过程中是否存在浪费现象或因保管不当而造成遗失或损坏情况。如部门因保管不当而遗失物资（除低值易耗品）由其部门所有人员均摊赔偿；如因个人行为而损坏的物资，由其个人负责赔偿；并纳入各部门负责人及个人的绩效考核依据中。

6　公司物资借用。

6.1　凡借用公司办公器材，需填写《物资借用单》，由部门经理签字认可。

6.2　贵重物资借用时需由部门经理签字借用，借用期间，部门主管负责借用物资的保管与使用。

6.3　借用物资超时未还的，行政人事部有责任督促归还。

6.4　借用物资发生损坏或遗失的，视具体情况照价或折价赔偿。

7　附则。

7.1 新进人员到职时由其所属部门通知向行政人事部领用办公物品；人员离职时，必须向行政人事部办理办公物品归还手续，未经行政人事部认可，其所属部门不得为其办理离职手续。

7.2 行政人事部有权控制每位员工的办公物品领用总支出。

8 附件。

8.1 《部门物资采购申请表》。

8.2 《临时物资购买申请表》。

8.3 《公司物资购买申请表》。

8.4 《物资库存清单》。

8.5 《物资领用表》。

8.6 《物资借用表》。

8.7 《物资盘点表》。

8.8 《办公室固定资产登记表》。

三、会议管理规定

1 目的。

为拥有良好畅通的沟通渠道，提高工作效率，特制定本规定。

2 适用范围。

公司所有会议。

3 会议类型。

3.1 总经办会议。

由总经理召集、会议由副总经理及总经理助理组织及记录，时间及安排由总经理通知。

出席人员：总经理根据会议内容指定参加人员

周期：每月一次

会议内容：公司重大决策、新的工作计划、近期工作总结、其他相关内容

主持人：总经理

记录人：总经理秘书或行政人事部经理

3.2 员工大会。

每年召开一次，全体员工出席，由行政人事部组织及记录，临时会议由公司临时决定。

出席人员：公司全体员工

周期：每年一次（根据公司运营情况而定）

会议内容：公司经营、管理情况通报，讨论员工关心的切身利益问题讲座、培训、时事等，与公司前景有关的合理化建议，娱乐、会餐、颁奖

主持人：总经理

记录人：行政人事专员

3.3 部门经理级例会。

由行政人事部经理组织，参加人员为各部门经理及其他相关部门负责人，每周一次，总经理必须出席。

出席人员：各部门经理、相关部门负责人、总经办领导

周期：每周一上午 9:00 至 10:30

会议内容：上周工作总结，下周工作计划，公司情况传达

主持人：总经办领导

记录人：总经办文员

3.4 部门工作例会。

部门经理组织记录，参加人员为本部门全体员工，时间为每周一下午，部门经理必须出席。

出席人员：部门内全体员工

周期：每周一下午 3:00 至 3:40

会议内容：本部门工作总结与工作计划，公司情况传达

主持人：部门经理

记录人：部门文员或指定相关人员

3.5 专业知识研讨会。

视公司业务需要，不定期召开，每次一位主持人，组织专业知识研讨，交流业务知识，统一业务认识。

出席人员：与会议内容有关的相关人员

周期：不定期

会议内容：不确定

主持人：轮流指定

记录人：行政人事文员

3.6 其他会议。

3.6.1 计划调度会。

会议内容：各类计划制订、讨论、会审、批准、检查、变更及资源调度

出席人员：各部门经理及计划部门人员

主持人：分管副总经理

周期：定期或不定期（视具体情况而定）

记录人：指定专人记录

3.6.2 投资决策（审议）会议。

会议内容：对项目投资决策进行审议

出席人员：组成人员及研发经理

主持人：项目负责人

周期：不定期

记录人：指定专人记录

3.6.3 工作汇报会。

会议内容：下级向上级汇报指定内容

出席人员：上下级或有关责任人

主持人：上级主管

周期：定期或不定期

记录人：指定专人记录

3.6.4 鉴定、评审、论证会。

会议内容：公司新设备选型、技改验收、质量、安全、环保、标准认证活动

出席人员：有关上级机关人员、相关部门人员、专家教授、项目组成员

主持人：分管副总经理

周期：不定期

记录人：指定专人记录

3.6.5 新闻发布会。

会议内容：公司对外发布认证、上市、购并、诉讼等有关信息

出席人员：有关上级机关人员、传媒、嘉宾、公关及行政人员

主持人：分管副总经理

周期：不定期

记录人：指定专人记录

4 会场纪律。

4.1 总经办会议、部门经理会议、专业知识研讨会会前行政人事部应先发布开会通知，并说明主持人会议的目的和主题，以及应到位人员。

4.2 所有会议，到会人员须签到填写《会议、培训签到表》，相关人员必须做好会议记录，不能到会的人员必须事先说明原因，否则视作旷工一天处理。

4.3 注意会场纪律，到会人员必须关手机，有紧急业务的，需将手机调至振动状态。

4.4 任何会议，不得喧哗，绝对不允许轻视任何一位上级、主讲者或是主

持人。

4.5　任何会议，实行畅所欲言、人人平等、民主、自由的发言权利，不得会上不说，会下乱说；当面不说，背后瞎说。

4.6　任何会议，不得因意见分歧而出言伤人，进行人身攻击，绝对禁止出言不逊和出手伤人的行为。

5　会议管理技巧。

5.1　控制出席人数，与会无关者不参加。

5.2　每次会议须明确主题，禁止漫无边际地泛泛而谈。

5.3　对重大或有分歧的议题，有关人员在会前单独联络、沟通，而在会议上争执不下时，主持人应及时制止且搁置该议题，会后再议。

5.4　会议发言应言简意赅，相对控制每位与会者的发言时间。对发言精彩者可适时延时，对发言啰唆或情绪不稳定者应艺术、巧妙地处理。

5.5　会议主持人应提前到会场，举止得当、温文尔雅、讲话声音清晰洪亮，体现领导的魄力和感染力。

5.6　会议主持人要善于控制会场气氛，对不同发言风格的人员合理安排发言次序，形成生动、活泼、气氛轻松的会议高潮。

5.7　会议主持人自身不应过多发言，除注意发言者外，还要观察听众的反应。

5.8　对有多个议题的会议，每段时间只集中充分地讨论其中一个议项。主持人可在每一议项后或每隔一段发言时间做出小结，及时做出决定。

6　参会者与会技巧。

6.1　事先仔细阅读分发的会议资料，如有疑问可咨询主办人。

6.2　细心准备自己的发言提纲、突出重点、富有弹性，并根据会议实况调整、补充。

6.3　发言或演讲时尽量使用投影、幻灯、录像等设备和图表、报表等工具。

6.4　发言不要过分激动，要有幽默感，对提问不能敷衍或强词夺理，有些问题可会后切磋。

6.5　学会敏锐地倾听各种发言意见，兼收并蓄。

6.6　不要做出轻敲铅笔、剪指挖耳等小动作。

6.7　正式会议上穿着打扮不能太过随便。

6.8　视会场气氛可直截了当或委婉地提问。

6.9　不急于发言表现自己，不妨让别人先发表意见，然后提出自己的看法或补充遗漏之处。

6.10 对每一议题问题的发言或提问，前后不超过两三次，一般发言时间控制在 10~15 分钟内。

7 会议记录。

7.1 所有会议都应由记录人做好相关会议记录，须备案的会议记录必须填《会议纪要》报相关部门备案。

7.2 总经办会议、员工大会、部门经理会议、专业知识研讨会的会议记录必须报行政人事部备案，其他会议根据会议内容的重要性可有选择性地备案。

7.3 须备案的会议记录必须一式两份，一份呈上级领导，一份报行政人事部。

8 附件。

8.1 《会议、培训签到表》。

8.2 《会议纪要表》。

四、员工着装管理规定

1 目的。

1.1 为树立和保持公司良好的社会形象，进一步规范化管理，本公司员工应按本规定的要求着装。

2 适用范围。

2.1 公司全体员工包括临时员工。

3 着装规定。

3.1 员工在上班时间内，配有工作服的必须穿公司规定的制服，没有配备工作服的，按 3.3 和 3.4 执行。

3.2 仪容仪表的总体要求是：得体、大方、整洁。

3.3 男职员的着装要求：浅色衬衣、系领带；着衬衣时，不得挽起袖子或不系袖扣；着西装时，不准穿皮鞋以外的其他鞋类（包括皮凉鞋）；不得穿白色袜子。

3.4 女职员上班不得穿运动服、超短裙、低胸衫或其他有碍观瞻的奇装异服，上班时间内，以职业套装为主，着套裙装时一律穿肉色长筒丝袜配皮鞋。

3.5 男女职员上班必须佩戴公司工卡，公司工卡应佩戴在胸前适当位置。

3.6 部门经理以上的员工，办公室一定要备有西服，以备有外出活动或重要业务洽谈时穿。

3.7 员工上班应注意将头发梳理整齐。男职员发不过耳，一般不准留胡子；女职员上班提倡化淡妆，金银或其他饰物的佩戴应得当。

3.8　员工违反本规定的，除通报批评外，每次罚款 10 元；一个月连续违反三次者，开除论处。

3.9　各部门、各线负责人应认真配合、督促下属员工遵守本规定，执行力度将作为绩效考核的依据之一。

4　附则。

4.1　本规定由行政人事部制定，报总经理审批，修改时亦同。

4.2　本规定未尽事宜处，解释权归公司行政人事部。

五、电话使用管理规定

1　目的。

保障公司业务电话能及时联络，保障公司通讯线路畅通，公司内控制接打私人电话，提高工作效率，树立良好形象。

2　适用范围。

适用于公司行政人事部对各部门电话的使用管理。

3　工作规范。

3.1　公司电话主要是方便与外界沟通、方便开展业务联合、方便于公司业务能及时联络。在公司内控制接打私人电话。

3.2　本公司电话、传真及设备由行政办公室统筹管理，由各使用部门负责保管和使用。员工打电话，用语应简洁、明确，做到"长话短说、尽量控制"，减少通话时间。员工应尽量避免在公司内打私人电话，私人电话不超过 3 分钟为宜。

3.3　外来电话，在铃声响三次内需有人接听。

3.4　接听外来直线电话时，须说："您好，××国际！"当对方要找的人员在接听别的电话或没空时须说："请稍等！"接听内线电话时，请用标准礼貌用语："您好，××部！"总之要求在接听电话时，规范、简洁、礼貌。

3.5　公司其他部门如因业务需求，可申请安装直线长话机，由部门经理提交申请，行政人事部审核，报总经理审批后执行。

4　电话使用。

4.1　各部门传真文件（可参照《文印及文印设备管理规定》）使用。

4.2　严禁拨打声讯电话及股票咨询电话，否则费用由当事人承担，并给予处分。

4.3　各部门的电话费用列入其部门的行政费用，并作为部门考核的依据，未经请示而利用公司电话打私人长途，每次罚通话金额的 10 倍，各部门主管对本部门电话使用负责管理。

4.4　公司对外公布的投诉电话，若接听投诉时，应礼貌待之，虚心答复投诉人的问题，若不能及时处理问题，应将投诉事件做好记录，移交投诉事件处理人，以便及时回复投诉人，绝对不能顶撞投诉人，损毁公司的名誉和形象。

4.5　各部门安装的电话机，在使用过程中若有损坏或故障，请通知相关部门及时维修，电话机未经行政人事部同意不能随便移动，更不能擅自串接电话机。

5　附则。

5.1　本规定由行政人事部制定经总经理审批后执行，修改时亦同。

5.2　本规定解释权归公司行政人事部。

六、电话维修及保养规定

1　目的。

保障公司的电话正常使用，不至于影响正常工作。

2　电话系统。

2.1　分内部电话系统、外部电话系统两种。

3　电话系统的维修。

3.1　行政人事部在接到电话报障后，须在一个工作日内联系电话维护公司到场维修。

4　使用规定。

4.1　任何部门不得擅自移动、调拨电话线，如发现有违者，必须恢复原状，如情节严重者，给予警告处分。

4.2　公司内的电话使用状况每季度检查一次，行政人事部每季度对公司内的所有电话进行一次巡查，主要检查话机是否受损、使用是否正常、是否有乱拉线或联机等。

4.3　行政人事部负责编制《通讯录》，发放到各部门，当各部门电话使用人员有变动时，行政人事部应对原有的电话号码一览表进行修改并重新发放。

4.4　任何部门如需要申请电话线或对电话进行调整，可向行政人事部提出书面申请，填写《电话需求申请表》，报总经理审批。行政人事部在接到申请后，应在三个工作日内联系电话维护公司上门调整。

4.5　各部门直线电话的话费如有不正常现象，由行政人事部负责打印详细的电话清单交后勤部调查处理。

4.6　严禁员工在上班时间拨打私人电话，严禁在电话中闲聊。

4.7 人为损坏话机、线路，必须由当事人承担后果，并从薪金中扣除相应的款项。

5 附件。

5.1 《电话需求申请表》。

5.2 《通讯录》。

七、合同管理规定

1 总则。

1.1 为促进公司对外经济活动的开展，规范对外经济行为，提高经济效益，规避企业风险，根据国家有关法律规定，特制定本管理规定。

1.2 凡以公司名义对外发生经济行为的，应当签订经济合同。

1.3 订立经济合同，必须遵守国家的法律法规，贯彻平等互利、协商一致、等价有偿的原则。

1.4 本规定所包括的合同有设计、销售、采购、借款、维修、保险等方面的合同，不包括劳动合同。

1.5 除即时结清者，合同均应采用书面形式，有关修改合同的文书、图表、传真件等均为合同的组成部分。

1.6 国家规定采用标准合同文本的必须采用标准合同文本。

1.7 公司由法律顾问根据总经理的授权，全面负责合同管理工作，指导、监督有关部门的合同订立、履行等工作。

2 合同的订立。

2.1 与外界达成经济往来意向，经协商一致，应订立经济合同。

2.2 订立合同前，必须了解掌握对方的经营资格、资信等情况，无经营资格或资信的单位不得与之订立经济合同。

2.3 除公司法定代表人外，其他任何人必须取得法定代表人的书面授权委托方能对外订立书面经济合同。

2.4 对外订立经济合同的授权委托分固定期限委托和业务委托两种授权方式，法定代表人特别指定的重要人员采用固定期限委托的授权方式，其他人员均采用业务委托的授权方式。

2.5 授权委托事宜由公司法律顾问专门管理，需授权人员在办理完登记手续，领取、填写授权委托书，经公司法定代表人签字并加盖公章后授权生效。

2.6 符合以下情况之一的，应当以书面形式订立经济合同：

2.6.1 单笔业务金额达1万元的。

2.6.2 有保证、抵押或定金等担保的。

2.6.3 我方先予以履行合同的。

2.6.4 有封样要求的。

2.6.5 合同对方为外地单位的。

2.7 经济合同必须具备标的（指货物、劳务、工程项目等），数量和质量，价款或者酬金，履行的期限、地点和方式，违约责任等主要条款方可加盖公章或合同章。经济合同可订立定金、抵押等担保条款。

2.8 对于合同标的没有国家通行标准又难以用书面语言确切描述的，应当封存样品，由合同双方共同封存，加盖公章或合同章，分别保管。

2.9 合同标的额不满 1 万元，按本办法第十三条规定应当订立而不能订立书面合同的，必须事先填写非书面合同代用单，注明本办法所规定的合同主要条款，并注明不能订立书面合同的理由，经总经理批准同意，否则该业务不予成立。

2.10 每一合同文本上或我方合同文本上必须注明合同对方的单位名称、地址、联系人、电话、银行账号，如不能一一注明，须经公司总经理在我方所留的合同上签字同意。

2.11 合同文本拟定完毕，凭合同流转单据按规定的流程经各业务部门、法律顾问、财务部门等职能部门负责人和公司总经理审核通过后加盖公章或合同专用章方能生效。

2.12 公司总经理对合同的订立具有最终决定权。

2.13 流程中审核意见签署于合同流转单据及一份合同正本上，合同流转单据作为合同审核过程中的记录和凭证由印章保管人在合同盖章后留存并及时归档。

2.14 对外订立的经济合同，严禁在空白文本处盖章并且原则上先由对方签字盖章后我方才予以签字盖章，严禁我方签字后以传真、信函的形式交对方签字盖章；如有特殊情况，须总经理特批。

2.15 单份合同文本达两页以上的须加盖骑缝章。

2.16 合同盖章生效后，应交由合同管理员按公司确定的章程对合同进行编号并登记。

2.17 合同文本原则上我方应持单份，至少应持两份，合同文本及复印件由财务部、行政人事部、法律顾问、具体业务部门等各部门分存，其中原件由财务部门和行政人事部留存。

2.18 非书面合同代用单也视作书面合同，统一予以编号。

3 合同的履行。

3.1 合同依法订立后，即具有法律效力，应当实际、全面地履行。

3.2 业务部门和财务部门应根据合同编号各立合同台账，每一合同设一台账，分别按业务进展情况和收付款情况做到一事一记。

3.3 业务部门在合同履行中遇履约困难或违约等情况应及时向公司总经理汇报并通知法律顾问。

3.4 财务部门依据合同履行收付款工作，对具有下列情形之一的业务，应当拒绝付款：

3.4.1 应当订立书面合同而未订立书面合同，且未采用非书面合同代用单的。

3.4.2 收款单位与合同对方当事人名称不一致的。

3.5 与合同对方当事人名称不一致的，财务部门应当督促付款单位出具代付款证明。

3.6 合同履行过程中，合同对方所开具的发票必须先由具体经办人员审核签字认可，经总经理签字同意后，再转财务审核付款。

3.7 合同履行过程中有关人员应妥善管理合同资料，对工程合同的有关技术资料、图表等重要原始资料应建立出借、领用制度，以保证合同的完整性。

4 合同的变更和解除。

4.1 变更或解除合同必须依照合同的订立流程经业务部门、财务部门、法律顾问等相关职能部门负责人和公司总经理审核通过后方可。

4.2 我方变更或解除合同应通知对方，双方协议应当采用书面形式，并按规定经审核后加盖公章或合同专用章后生效。

4.3 有关部门收到对方要求变更或解除合同的通知必须在三天内向公司总经理汇报并通知法律顾问。

4.4 变更或解除合同的通知和回复应符合公文收发的要求，使用挂号寄发或由对方签收，挂号或签收凭证作为合同组成部分交由办公室保管。

4.5 变更或解除合同的文本作为原合同的组成部分或更新部分与原合同有同等法律效力，纳入本办法规定的管理范围。

4.6 合同变更后，合同编号不予改变。

5 其他。

5.1 合同作为公司对外经济活动的重要法律依据和凭证，有关人员应保守合同秘密。

5.2 业务部门、财务部门应当根据所立合同台账，按公司的要求，定期或不定期汇总各自工作范围内的合同订立和履行情况，由法律顾问据此统计合同订立和履行的情况，并向总经理汇报。

5.3 有关人员应定期将履行完毕或不再履行的合同有关资料（包括相关的文书、图表、传真件及合同流转单等）按合同编号整理，由法律顾问确认后交档案管理人员存档，不得随意处理。

5.4 公司定期对合同管理工作进行考核，并逐步将合同签约率、合同文本质量、合同履行情况、合同台账记录等纳入公司对员工和部门的工作成绩考核范围。

6 责任。

6.1 凡未按规定处理合同事宜、未及时汇报情况和遗失合同有关资料而给公司造成损失的，追究其经济和行政责任。

6.2 因故意或重大过失而给公司造成重大损失的，移送国家有关机关追究其法律责任。

7 附则。

7.1 本规定适用于公司本部和各部门。

7.2 本规定解释权归公司总经理。

7.3 本规定自下发之日起实施生效。

八、差旅费管理规定

1 目的。

为使员工出差有一个统一执行标准，便于财务及各部门审核，做好费用控制，降低成本，达到减少纠纷、依制度实施的目的。

2 适用范围。

适用于对公司出差人员的管理。

3 工作规范。

3.1 文件概要。

3.1.1 差旅费管理规定是对公司出差人员依工作性质或职位制定的执行标准，在差旅应酬方面遵守规定。财务在接受报销票据时，依规定审核，以减少纠纷，提高工作效率。

3.1.2 差旅费原则。

3.1.2.1 履行节约，自觉控制费用，依职位及工作性质，设定费用标准。

3.1.2.2 差旅人员除因患病或因故逗留外，不得任意逗留。

3.1.2.3 差旅人员因私请假或故意逗留不得报销差旅费。

3.1.2.4 差旅人员出差前，应按实际需要申请备用金。

3.1.2.5 差旅管理：

标准 类别	总经理	副总经理/总经理 助理/总监	经理/副经理	主管/副主管	主管级以下员工
交通费	实报实销	出发地至目的地距离 800 千米以上乘坐飞机经济舱，实报实销	出发地至目的地距离 1000 千米以上乘坐飞机经济舱，实报实销	原则上不搭乘飞机，因特殊原因需搭乘飞机时，需报总经理审批	原则上不搭乘飞机，因特殊原因需搭乘飞机时，需报总经理审批
		出发地至目的地距离 800 千米以下乘坐火车硬卧、软席、空调大巴或轮船（三等舱），实报实销	出发地至目的地距离 1000 千米以下乘坐火车硬卧、软席、空调大巴或轮船（三等舱），实报实销	出发地至目的地距离 500 千米以上乘坐火车硬卧、软席或轮船（三等舱），实报实销 出发地至目的地距离 500 千米以下乘坐火车硬卧、轮船（四等舱），实报实销	出发地至目的地距离 700 千米以上乘坐火车硬卧、软席或轮船（三等舱），实报实销 出发地至目的地距离 700 千米以下乘坐火车硬卧、轮船（四等舱），实报实销
		市内交通费实报实销	市内交通费实报实销	市内交通费实报实销	市内交通费实报实销
住宿费	实报实销	大城市每人每天 300 元以下（二、三级宾馆），实报实销	大城市每人每天 260 元以下（二、三级宾馆），实报实销	大城市每人每天 200 元以下（二、三级宾馆），实报实销	大城市每人每天 120 元以下（二、三级宾馆），实报实销
		中小城市每人每天 200 元以下，实报实销	中小城市每人每天 180 元以下，实报实销	中小城市每人每天 120 元以下，实报实销	中小城市每人每天 80 元以下，实报实销
膳食费	实报实销	大城市每人每天 80 元以下	大城市每人每天 70 元以下	大城市每人每天 60 元以下	大城市每人每天 50 元以下
		中小城市每人每天 50 元以下	中小城市每人每天 40 元以下	中小城市每人每天 35 元以下	中小城市每人每天 30 元以下
杂费	实报实销	大城市每人每天 50 元以下	大城市每人每天 40 元以下	大城市每人每天 30 元以下	大城市每人每天 20 元以下
		中小城市每人每天 30 元以下	中小城市每人每天 20 元以下	中小城市每人每天 20 元以下	中小城市每人每天 10 元以下
特殊费用	实报	请示批准后实报实销	请示批准后实报实销	请示批准后实报实销	请示批准后实报实销

注：

A. 出差是因发展商邀请，并且相关费用由发展商负责的，以上费用将不成立。

B. 出差期间的各类费用，任何人必须严格厉行节约。

3.2 费用报销。

3.2.1 费用报销凭证必须首先由财务部审核。

3.2.2 财务部统一报销的费用包括差旅费、交际费、交通费及其他零星费用。设备款及物资采购款由经办人根据有效原始凭证填制付款申请单自行报批付款。

3.2.3 费用报销时间为每周二、周五下午。各部门费用报销单分别于每周一、四下班前报财务部负责人审核，并于规定时间报总经理审批。

3.2.4 使用公司交通工具者不报销交通费，计划外的行程须经总经理核准方能支付或报销；所有费用均须取得有效凭证才能报销。

3.2.5 特殊费用如因公交际应酬、购置礼品等除总经理同意核准外，概由个人支付。

3.2.6 70千米以内公差，原则上当日返回，不报销杂费。

3.2.7 严禁虚假报销及报销不实，一经发现及核实，公司以开除论处，当月工资不予以计发。

3.3 借款规定。

3.3.1 因公出差、交际应酬、购买物品借款，经手人必须填写借款申请单、部门责任人审核签字报总经理批准后给予借款。

3.3.2 任务完成后一周内到财务部办理报销清还手续，对借款未还清者，不得再借支备用金，对超过一个月不归还的借款，从该职员下月工资中扣除。

4 附则。

4.1 出差前，任何员工须搭乘普通交通工具前往长途出发地，任何人不得搭乘计程车前往火车站、长途汽车站、机场、码头。特殊情况除外。

4.2 出差工作期间，任何人不得借公司业务名义进行任何形式私人的旅游、购物、消费等。

4.3 非正当公司出差业务费用，公司一概不予报销。

4.4 出差期间，必须以流程日记形式记录出差期间的工作及开支情况。所有开支必须在有效发票后面注明：什么时间、什么人、从哪里到哪里、干什么事、证明人等。

九、计算机网络管理规定

1 目的。

为实现公司基础管理的信息化、规范化，以及实现信息资源共享，经研究决定，特制定出此规定。

2 总则。

2.1 为保障公司计算机网络（以下简称公司局域网）的正常运行，促进公司局域网的健康发展，根据《中华人民共和国计算机信息系统安全保护条例》、《计算机信息网络国际联网安全管理办法》等法规条例，特制定本规定。

2.2　本规定适用于公司所有计算机用户。

3　网络安全管理。

3.1　电子商务部代表公司负责监督所有用户的网络行为，保存用户网络行为的原始信息。

3.2　所有公司局域网用户不得利用公司局域网从事危害国家安全、泄露国家机密等违法犯罪活动，不得制作、查阅、复制和传播扰乱社会治安、破坏政治稳定、有伤风化和淫秽色情等信息。

3.3　所有公司局域网用户不得利用局域网非法进入网络系统进行非法访问和未经他人允许进入他人计算机系统。

3.4　各单位对上网信息要进行认真审查，严格把关，凡涉及国家及公司机密的信息严禁上网传播。

3.5　严禁任何单位或个人制造和传播危害计算机信息系统安全的计算机病毒、破坏性程序、恶意代码及其他有害数据。

3.6　公司局域网用户必须安装防病毒软件，定期和及时进行病毒检测，及时升级防病毒软件。

3.7　严禁冒用他人名义从事网上活动，严禁盗用他人账号、IP地址。严禁破坏和盗用公司局域网中的信息资源。

3.8　严禁自行接入各类网络设备。如确有特殊需要，须经电子商务部同意并办理相关手续后方能接入使用。

3.9　任何部门在办公区域内从事施工、建设时，不得危害公司局域网络系统及设施的安全。

4　网络案件的报告与处理。

4.1　电子商务部负责公司局域网有害信息的监控、清理工作，如有异常情况，及时处理，重大情况须及时向公司主管领导汇报。

4.2　所有公司局域网用户和电子商务部工作人员必须积极主动配合有关计算机安全监察部门和公司有关部门依法进行的监督检查。

5　违约责任与处罚。

5.1　凡违反上述规定，给公司或他人造成不良影响或经济损失的用户，停止其使用网络，并交有关部门处理。

5.2　凡违反上述规定，给国家和社会造成不良影响或经济损失的用户，情节严重者，交政法有关部门处理。

6　附则。

6.1　本规定由电子商务部负责解释。

6.2　本规定经总经理审批后执行，修改时亦同。

十、前台接待工作规范

1 目的。

为树立公司良好形象，接待外来人员的来访，联络被访人员，做好登记。

2 适用范围。

适用于公司行政部前台接待员对外来人员的接待。

3 工作规范。

3.1 文件概要。

3.1.1 为树立良好的企业形象，通过对前台接待文员的工作规范，描述接待外来人员访问时的各种注意事项。

3.1.2 规定了前台接待文员每日工作流程，主要负责工作项目等规范。

3.1.3 工作流程、工作要求和相关文件记录。

工作流程	责任者				工作要求/标准	相关文件/记录
	前台接待文员	各部门	公司员工	外来人员		
招呼	●		▲	●	前台接待文员或公司员工见有外来人员来访时，应面带微笑，主动、亲切地与其打招呼、问好，引其至接待区。	
接待	●			▲	前台接待文员请来访人员进行来访登记。	
咨询	●			▲	仔细询问来访人员为何事来访，是否有预约，并分析此事归属哪个部门、哪个人处理；请来访者先在接待区入座；询问被访部门、个人是否方便现在接待来访者，并简单告知来访意图。	来访人员登记表
处理	●	●		▲	如被访部门或个人方便接待，前台接待文员应仔细告知来访者行走路线；如被访部门不便接见，前台接待文员应向来访者致歉，并请来访者下次来访前先预约，或请其留下名片、留言转交相关部门及人员。	

直接责任人：●   配合人：▲   涉及人：△

十一、行政费用使用管理规定

1 目的。

有效地掌握行政费用的开支。

2 适用范围。

适用于各部门。

3　工作规范。

3.1　行政费用范围：

指每月固定支出的费用，如写字楼租金、宿舍租金、交通费、汽车使用及维护费、写字楼饮用矿泉水费、写字楼的水费、电费、电话费（含办公电话及手机）、文具费、印刷费（含各种统一表格、合同、名片、POP 等）、绿化费、店铺灭蝇费、垃圾清运费、低值易耗品购买费用等。

3.2　行政费用的申报：

于每月 15 日与 28 日两次申报，各部门视情况需要向行政人事部递交《业务（费用）申请记录表》，再由行政人事部统一汇总报财务部审核。

4　附件。

4.1　《业务（费用）申请记录表》。

十二、印章管理规定

1　目的。

为规范印章管理工作，根据公司的实际情况，特制定本规定，以提高全体员工对印章管理的认识和正确使用印章。

2　总则。

2.1　印章是公司、个人责任的象征，具有法律效力。印章管理是加强内部管理、防范风险的重要工作。

2.2　印章管理必须纳入公司各级领导责任制范围内，可由专人负责。

2.3　印章管理由行政人事部牵头，负责指导、组织、协调和印章制发的审核认定工作；各部门的经理负责管理本部门印章的制发、使用、保管、检查、报废、收缴和销毁工作。

3　印章的制发。

3.1　受理。

各部门刻制印章应提出书面申请，报行政人事部审核，呈行政人事部经理审批，然后由行政人事部经理负责登记制发印章的依据、审批人和时间等，再给予办理。

3.2　刻制。

行政人事部指定专人按规定的印章式样到公安部门指定的厂家刻制。

3.3　分发。

3.3.1　行政人事部将刻制好的印章会同相关部门经理共同验证后，经验收合格由相关部门经理到行政人事部办理领取手续。

3.3.2　分发印章时，行政人事部经理与领章负责人应共同验明印章未曾被使用，在行政人事部的《印章领用、移交、销毁登记表》上留下印模，填写签收人、使用人和启用时间后，由领章负责人加封领取。

4　印章的启用。

使用部门领取新印章后，应在《印章保管、使用登记表》上留下印模，记录新印章启用时间和经办人签名后，方可使用。

5　印章的使用。

使用印章必须严格按用章范围、权限、程序进行，严禁在空白介绍信和空白信笺、传票、单证上盖章用印，严禁印章保管人员越权使用印章。

5.1　行政人事公章。

5.2　公司章。

正式公文、重要函件、报表等用章，由公司领导按授权范围和分工责任在发文稿纸上签批；非公文类用章一律填写签发人、使用人和启用时间。由分管领导按授权签批；介绍信由总经理授权，行政人事部经理审批。

5.3　公司内设部门章。

由各部门经理签批。经理不在时，按规定范围、条件指定专人审批使用。

5.4　业务印章。

各类业务印章、合同章的使用，按本办法规定执行。

5.5　公司员工在非正常使用流程前提下，使用印章时须填写《用章申请表》。

6　印章的保管。

6.1　各类印章必须做到由专人使用、专人保管、专人负责，并将印章放置在具有防盗、防潮功能的保险柜或铁皮柜内保存。印章保管人必须忠于职守，诚实可靠，原则性强。

6.2　禁止携带行政人事公章出办公室；严禁私自将印章转交他人保管使用。

6.3　印章保管人员休假或调换岗位，要办理交接手续，并由交接双方在交接登记簿上签字。

6.4　对使用中的印章，保管人员应定期擦洗保养。

7　废旧印章管理。

7.1　报废。

因磨损、更改或机构撤并、更名等不能继续使用的印章应予报废，并上缴行政人事部登记、备案、销毁，不准自行销毁。

7.2　收缴。

7.2.1　行政人事部收缴废旧印章时，应与上缴印章的部门负责人一起对照原印章的印模共同验证，确认无误后，分别在《印章保管、使用登记表》和《印章制发、收缴、销毁登记表》上盖模、登记、签名和封存。

7.2.2 因工作需要暂时不能销毁的废旧印章，要交行政人事封存，并在《印章保管、使用登记表》上登记、签名。

7.3 销毁。

7.3.1 销毁作废印章要在总经理和行政人事部经理共同监督下，经逐个核对无误后，集中销毁。

7.3.2 作废印章销毁后，在《印章制发、收缴、销毁登记表》上逐一登记注销。

8 印章的检查。

8.1 各部门应定期对各类印章进行自查，对照《印章保管、使用登记表》逐枚清点、核对，发现有遗漏，要及时报行政人事部，并重新登记备案。同时，作废印章要及时清理上缴行政人事部。

8.2 行政人事部应定期对各部门的各类印章进行检查核对，着重检查以下六个方面的情况是否符合规定：一是新印章的制发和启用；二是印章的使用、交接、管理；三是印章的收缴和销毁；四是新旧印章是否混用；五是印章管理人的可靠性；六是存放的安全性。

9 印章遗失的处置。

9.1 印章遗失必须及时书面报告公司总经理、行政人事部，要积极组织查找，并采取必要的防范措施，并在一定范围内公告遗失的印章作废。

9.2 在查明事实、分清责任的基础上，对相关的领导和当事人做出处理，写出专题报告逐级上报。

10 附则。

10.1 违反本规定视同违章违规，按有关规定追究责任并给予处罚。

10.2 本规定由行政人事部拟订，报总经理审批通过。

10.3 本规定自印发之日起执行，一切与此规定相违背或矛盾的规定自本规定执行之日起自行废除。

11 附件。

11.1 《印章领用、移交、销毁登记表》。

11.2 《印章保管、使用登记表》。

11.3 《印章制发、收缴、销毁登记表》。

11.4 《用章申请表》。

十三、钥匙管理规定

1 目的。

为办公场所的安全，及时处理意外事件，特制定此规定。

2 适用范围。

适用于行政人事部对各部门钥匙的管理。

3 工作规范。

3.1 宗旨：为办公场所的安全及防范意外事件，特制定管理工作规定。

3.2 公司办公共场所钥匙由行政人事部统筹管理，配制钥匙依各办公室编制人数配制。

3.3 部门经理负责管理本部门钥匙的使用，但不得任意配制钥匙。

3.4 钥匙分类管理：

3.4.1 公司保险柜钥匙由总经办委派专人保管。

3.4.2 总经理办公室钥匙，由总经办秘书保管。

3.4.3 各部门办公室钥匙，由行政人事部留存一套。

3.4.4 各部门文件柜钥匙，由行政人事部留存一套。

3.4.5 各办公室、办公桌钥匙，由行政人事部留存一套。

3.4.6 仓库钥匙由专人保管。

3.4.7 公司大门钥匙，由安全主管留存一套。

3.5 钥匙遗失处理。

3.5.1 报行政人事部主管人员。

3.5.2 严禁私自配制大门钥匙。

3.5.3 因钥匙遗失，严禁有损坏门的行为。

3.5.4 重要部门钥匙遗失，若需更换门锁，一切费用由遗失人承担。

3.6 各部门更换门锁时，必须报告行政人事部，严禁擅自更换，导致钥匙管理失控。

3.7 领用备用钥匙使用，做好登记。

3.8 行政人事部对公司各部门的备用钥匙，做好分类统一管理，以备急用。

4 记录。

4.1 《钥匙领用登记表》。

十四、文印及文印设备管理规定

1　总则。

1.1　为使公司文印工作规范化，保证和提高文印设备使用的效能与使用寿命，结合公司实际情况，特制定本规定。

1.2　本规定所指的文印设备为复印机、计算机、打印机、传真机等办公设备。

1.3　本规定适用于公司全体员工。

2　打印范围。

2.1　公司的文件，属打印范围的方予打印，否则不予打印。

2.2　经办公室上报下发的文件、报表、工作计划、总结、请示、报告、简报、通报、通告、信函、规章制度及其实施细则、宣传教育材料、任免决定、奖惩决定，以及办公室主任批准打印的文件、材料等均属打印范围。

2.3　由归口部门负责拟订、编写的带有全局性的工作计划、总结、报告、重要活动、会议的纪要等，也属打印范围。

2.4　不需上报的部门工作计划、临时工作安排、一般表格、一般资料和便函等均不属打印范围。

3　文印工作管理。

3.1　一次性复印、打印数量较大的（20张以上）文件事先须由申请人填写《复印、打印申请表》，经部门主管审核同意后才予办理。办理保密文件按公司《保密制度》执行。

3.2　复印、打印数量少于20张的文件，由当事人在复印、打印的同时按实填写《文件复印、打印、传真登记表》。

3.3　文印员接稿后，应认真检查审批手续是否完备，字迹是否清楚，文面是否整洁。对审批手续不全、文面凌乱不清的文稿，文印员有权拒绝执行。

3.4　文印员要树立严格的保密观念，不得将打印、复印或传真资料中有关公司秘密的事项透露给他人。

3.5　文印员要严格按照审批份数复印、打印，不得截留任何文件，废弃文稿须按规定销毁。对需要留存的文档，在打印完毕后，须将文档备份在软盘上并妥善保管，不得在硬盘上留存。

3.6　文稿清样打印完毕后，文印员将原稿与清样及时送达呈交人或通知有关人员到文印室来取，不得延误。

3.7　拟稿人负责校对清样并签字。属校对未发现的错误由校对人负责，校对后没有改正的，由文印员负责。

3.8 文印员对打印、复印、传真的文件资料，应于《文件复印、打印、传真登记表》做好记录，月终按部门汇总统计，报行政人事部。

3.9 私人资料，不得在公司复印、打印、传真。

4 文印设备管理。

4.1 公司文印设备由行政人事部统一管理，并定期检查使用与维护情况，并填写《文印设备维护记录表》。使用部门要指定专人（文印员）负责保管和使用，指定的专人在使用前必须经过专业培训。其他人员不得使用，否则，造成设备损坏除负赔偿责任外，视情节轻重给予 50~200 元的罚款。

4.2 各种文印设备须放置在指定的位置，不得擅自移动。

4.3 文印员要熟悉文印设备的使用、保养方法，按要求规范操作，保持设备清洁和正常运行。发现故障，应及时向办公室报修，禁止私自对设备进行拆卸修理。

5 附则。

5.1 本规定由行政人事部制定，报总经理批准后施行，修改时亦同。

5.2 本规定由行政人事部负责解释与检查。

5.3 本规定施行后，凡其他相同的规章制度或与之相抵触的规定自行废止。

5.4 本规定自发颁布之日起实施。

6 附件。

6.1 《复印、打印申请表》。

6.2 《复印、打印、传真登记表》。

6.3 《文印设备维护记录表》。

十五、文件档案管理规定

1 总则。

1.1 为加强本公司文件档案管理工作，特制定本规定。

1.2 归档的文件材料必须按年度立卷，本部门在工作活动中形成的有保存价值的文件材料，都要按照本规定，分别立卷归档。

1.3 公文承办部门或承办人员应保证经办文件的系统完整（公文上的各种附件一律不准抽存）。结案后及时交专（兼）职档案员归档。工作变动或因故离职时应将经办的文件材料向接办人员交接清楚，不得擅自带走或销毁。

2 文件材料的收集管理。

2.1 坚持部门收集管理文件材料的制度。各部门均应指定专（兼）职档案员，负责管理本部门的文件材料，并保持相对稳定。人员变动应及时通知总经办档案员。

2.2 凡本公司印发出的公文（含定稿和二份打印的正件与附件、批复请示、转发文件含被转发的原件）一律由总经办统一收集管理。

2.3 由几个部门参与办理的同一项工作，在工作中形成的文件材料，由主办部门收集归卷。会议文件由会议主办部门收集归卷。

2.3.1 公司工作人员外出学习、考察、调查研究、参加上级机关召开的会议等公务活动；相关人员购置技术资料、工具书、购置设备仪器核报差旅费时，必须将相关的文件、资料向总经办档案员办理归档手续，档案员签字认可后财务部门才给予报销差旅费。

2.3.2 公司召开会议，由会议主办部门指定专人将会议材料、声像档案等向档案员办理归档手续，档案员签字认可后财务部门才给予报销会议费用。

2.4 对保管的技术档案，每年年终要进行鉴定，鉴定工作由主管领导、工程技术人员、档案人员组成的鉴定小组进行。对已无参考价值、无保存意义的资料应及时清理，经鉴定小组批准后指定专人销毁。

2.5 按密级划分的有关规定，总经办档案员应及时准确地对技术资料进行密级划分，严格按保密制度履行查、借阅手续。

2.6 各部门专（兼）职档案员的职责：

2.6.1 了解本部门的工作业务，掌握本部门文件材料的归档范围，收集管理本部门的文件材料。

2.6.2 认真执行平时归档制度，对本部门承办的文件材料及时收集归档，每年的三月份前应将归档文件材料归档完毕，并向总经办档案员办好交接签收手续。

2.6.3 承办人员借用文件材料时，应积极做好服务工作，并办理临时借用文件材料登记手续。

3 归档范围。

3.1 重要的会议材料，包括会议通知、报告、决议、总结、领导人讲话、典型发言、会议简报、会议记录等。

3.2 上级机关下发的与公司有关的决定、决议、指示、命令、条例、规定、计划等文件材料。

3.3 公司对外的正式发文或与有关单位来往的文书。

3.4 公司的请示报告与上级机关的批复。

3.5 公司反映主要职能活动的报告、总结。

3.6 公司的各种工作计划、总结、报告、请示、批复、会议记录、统计报表及简报。

3.7 公司与有关单位签订的合同、协议书等文件材料。

3.8 公司关于干部任免的文件材料以及关于员工奖励、处分的文件材料。

3.9 公司员工劳动、工资、福利方面的文件材料。

3.10 公司的历史沿革、大事记及反映本公司重要活动的剪报、照片、录音、录像等。

3.11 反映公司各项生产、技术、科研活动等有保存价值的技术文件、图纸、信息、人事、财务资料、市场营销资料等。

4 平时归卷。

4.1 各部门都要建立健全平时归卷制度。对处理完毕或批存的文件材料，由专（兼）职档案员集中统一保管。

4.2 各部门应根据本部门的业务范围及当年工作任务，编制平时文件材料归卷使用的"案卷类目"。"案卷类目"的条款必须简明确切，并编上条款号。

4.3 公文承办人员应及时将办理完毕或经领导批存的文件材料，收集齐全，加以整理，送交本部门专（兼）职档案员归卷。

4.4 专（兼）职档案员应及时将已归卷的文件材料，按照"案卷类目"条款，放入平时保存文件卷夹内"对号入座"，并在收发文登记簿上注明。

5 立卷（案卷质量要求）。

5.1 为统一立卷规范，保证案卷质量，立卷工作由相关部室兼职档案员配合，总经办档案员负责组卷、编目。

5.2 案卷质量总的要求是：遵循文件的形成规律和特点，保持文件之间的有机联系，区别不同的价值，便于保管和利用。

5.3 归档的文件材料种类、份数以及每份文件的页数均应齐全完整。

5.4 需要归档的文件材料，应将每份文件的正件与附件、印件与定稿、请示与批复、转发文件与原件、多种文字形成的同一文件，分别立在一起，不得分开，文电应合一立卷；绝密文电单独立卷，少数普通文电如果与绝密文电有密切联系，也可随同绝密文电立卷。

5.5 不同年度的文件一般不得放在一起立卷，但跨年度的请示与批复，需放在复文年立卷；没有复文的，放在请示年立卷；跨年度的规划放在针对的第一年立卷；跨年度的总结放在针对的最后一年立卷；跨年度的会议文件放在会议开幕年，其他文件的立卷按照有关规定执行。

5.6 卷内文件材料应区分不同情况进行排列，密不可分的文件材料应依序排列在一起，即批复在前，请示在后；正件在前，附件在后；印件在前，定稿在后；其他文件材料依其形成规律或特点，保持文件之间的密切联系并进行系统的排列。

5.7 卷内文件材料应按排列顺序，依次编写页号。装订的案卷应统一在有文字的每页材料背面的左上角打印页号。

5.8 永久、长期和短期案卷必须按规定的格式逐件填写卷内文件目录。填写的字迹要工整。卷内目录放在卷首。

5.9 有关卷内文件材料的情况说明，应逐项填写在备考表内。若无须情况说明，应将立卷人、检查人的姓名和时期填上以示负责，备考表应置于卷尾。

5.10 案卷封面，应按规定逐项用黑色签字笔书写，字迹要工整、清晰。

5.11 案卷的装订和案卷各部分的排列格式：

案卷装订前，卷内文件材料要去掉金属物，对破坏的文件材料应按裱糊技术要求托裱，字迹已扩散的应复制并与原件一并立卷，案卷应用三孔一线封底打活结的方法装订。

5.12 案卷各部分的排列格式：软卷封面（含卷内文件目录）—文件—封底（含备考表），以案卷号排列次序装入卷盒，置于档案柜内保存。

6 档案保密。

详见《行政管理制度》2.0。

7 档案借阅。

7.1 严格执行借阅管理制度，履行借阅手续。

7.2 公司员工因工作需要，可借阅技术资料，但必须办理借阅手续。

7.3 凡外单位借阅相关技术资料，须持单位介绍信，经主管领导批准，方可查阅，但必须按保密制度要求，机密级以上资料不准查询借阅。

7.4 技术资料借出时间不能超过两周，逾期不还需办理续借手续。

7.5 凡属绝密、机密技术资料与本人工作无关不得查询借阅，因工作需要必须经主管领导批准方可查阅。

7.6 绝密、机密资料，直接从事该项工作的人员可查阅，工作有部分相关的人员只能查阅相关部分，绝密、机密资料不能带出档案室。

7.7 查阅机密、绝密档案，必须进行登记方可查阅。

7.8 严禁私自复印、摘录绝密技术资料。

7.9 凡属保密的技术资料必须严格按密级分类进行查询借阅，任何人不得擅自借阅、借出，不得查询借阅与本人工作无关的技术资料。

7.10 销毁过期保密技术资料应严格履行审批手续，不得擅自销毁。

7.11 对保密技术资料每月应清查校对一次，发现问题应及时报告主管领导，并采取补救措施。

7.12 查询借阅技术资料和使用相关技术文件的各类人员应严格遵守"保

守机密慎之又慎"的方针，做到不失密、不泄密。

7.13 丢失技术资料者，应及时书面通知档案室和主管领导并采取相应的补救措施，在未做出处理前暂停查阅相关技术资料。

7.14 凡调离本公司的员工，必须归还全部技术资料，方可办理调动手续。

7.15 技术档案资料不准转借或代借，借出的资料只能带到工作岗位，并妥善保管好，严禁私自携带出公司。

7.16 凡借出的图纸、资料，不得损坏、删改、涂抹、剪贴、拆散。

8 附则。

8.1 本规定由总经办制定经总经理核准后总经办公布实施，修改亦同。

8.2 凡与本规定违背的规定自本规定公布之日起自行废除。

8.3 本规定自公布之日起实施。

十六、公文处理实施规定

1 总则。

1.1 为使公司的文件处理工作规范化、制度化，结合公司的实际情况，特制定本实施规定。

1.2 公司各部门工作人员应发扬实事求是、认真负责的工作作风，克服形式主义和文牍主义，提高文件处理效率和质量，做到及时、准确、安全。

1.3 文件处理工作必须严格遵守公司保密制度和档案管理制度，确保公司机密安全。

2 公司常用公文的种类。

2.1 公司常用公文的种类主要包括：

2.1.1 请示。

请上级指示和批准，用"请示"。

2.1.2 报告。

向上级汇报工作、反映情况，用"报告"。

2.1.3 指示。

对下级布置工作，阐明工作活动的指导原则，用"指示"。

2.1.4 布告、公告、通告：

对员工公布应遵守或周知的事项，用"布告"。

向国内外宣布公司的重大事件，用"公告"。

在一定范围内公布应当遵守或周知的事件，用"通告"。

2.1.5 批复。

答复请示事项，用"批复"。

2.1.6　通知。

传达上级的指示，要求下级办理或者需要知道的事项，批转下级的公文或转发上级，同级和不相隶属部门的发文，用"通知"。

2.1.7　通报。

表扬好人好事、批评错误、传达重要情况以及需要所属各部门知道的事项，用"通报"。

2.1.8　决定、决议。

对某些问题或者重大行动做出安排，用"决定"；

经过会议讨论通过，要求贯彻执行的事项，用"决议"。

2.1.9　函。

平行的或不相隶属的部门之间互相商洽工作或向有关主管部门请示、批准、询问和答复问题时，用"函"。

2.1.10　会议纪要。

传达会议决议事项和主要精神，要求有关部门共同遵守执行的，用"会议纪要"。

3　公司常用公文的格式。

3.1　公司常用公文格式一般包括：标题、呈送单位、正文、附件、印章、发文时间、抄送（抄报）单位、公文字号、主题词等。

3.1.1　公文的标题应当准确、简要地概括公文的主要内容，并标明发文单位和公文种类。除批转法规性文件外，公文标题一般不加书名号或其他标点符号。

3.1.2　向上级请示的公文，一般只写一个呈送单位，如果需要上报另一个上级单位时，可以用抄报的形式。

3.1.3　发文时间，以领导签发日期为准，联合行文以最后部门签发日期为准。

3.1.4　发文编号由发文部门负责，其中以公司名义发文的由总经办负责编号。

3.1.5　以公司名义对外发文，一律用"GHGJ字［××××］第×号"。

3.1.6　公司会议发文，用"GHGJ会［××××］第×号"。

3.1.7　公司其他管理部门的发文，用"GHGJ×字［××××］第×号"。

如，总经办发文，用"GHGJ办字［××××］第×号"；

行政人事部发文，用"GHGJ行字［××××］第×号"；

其他部门发文依此类推。

3.1.8 公文如有附件，应当在正文之后、单位名称之前，注明附件的名称和件数。

3.1.9 收、发文部门应写部门全称或规范化简称。联合发文，应将主办部门排列在前。

3.1.10 文字一律从左至右横写横排。

3.2 公文纸一般用 A4 复印纸，在页头装订。"通告"等文体用纸大小，根据实际需要确定。红头文件只适用于需遵照执行的制度、规定、决定、决议、纪要、任免等，其他文件一般用公司信笺印发。

3.3 对上级单位的请示或报告，用单位名义发文。

3.4 对市、区政府及政府各部、委、局的请示或报告、与不相隶属单位协商工作等，用行政名义发文。

3.5 内部行文，可按问题的种类和性质，用公司或部门名义发文。部门之间不要用发文形式解决一般性的问题。

3.6 各部门不得越级发文。因特殊情况，必须越级发文的，由发文部门负责起草、办公室审核、总经理签发。

3.7 发文应根据需要确定主送、抄送、抄报单位，不得滥发。向上级请示的公文，应一文一事，主送一个部门，不要同时抄送下级部门；不要直接送领导个人（除领导直接交办外）；向下级部门的重要发文，可以抄报上级部门。

3.8 按照一级抓一级的管理原则，公司发文原则上只发到各部门，不直接发到隔级下属部门。

4 公文处理程序。

4.1 收文处理。

4.1.1 上级发来的文件及注有密级的简报、电报、资料和平级发来的文件，均由总经办秘书统一签收、开拆、登记，加封传阅单报送总经理。

4.1.2 总经理签批拟办意见，再由总经办秘书分送给有关部门或领导。总经理在签批公文时，认为无须阅批的一般性公文，可直接批转有关部门阅办。

4.1.3 承办人应根据文件规定的传阅范围或领导指示，安排传阅或办理。

4.1.4 各部门收到的急件，应在三天内呈报办理结果并退回文件。要办理的一般性文件，应在一周内办理并退回文件，最迟不能超过十五天。需要研究而不能马上处理的文件，要先书面或口头作简要回复。

4.1.5 加强文件催办工作。总经办秘书对有领导批示的公文及本公司发出的文件，要认真督促、催办，以防积压或漏办。

4.1.6 领导参加重要会议带回的文件，在汇报和传达后，应将会议文件交本部门兼职档案员立卷归档。

4.2 发文处理按发文工作流程办理。

4.2.1 草拟公文的要求：

4.2.1.1 要符合国家的方针、政策、法律、法规和公司规章制度、实施细则的规定。如果提出新的政策规定，应尽量与原来的有关政策规定相衔接，并加以说明。

4.2.1.2 情况要属实，观点要明确，文字要精练，条理要清晰，层次要分明，标点符号要正确，篇幅要力求简短。

4.2.1.3 引用的公文要写明发文机关、公文编号、标题和发文时间。

4.2.1.4 草拟公文必须使用统一格式的公文稿纸，字迹要清楚，文面应保持整洁。凡是文面凌乱不清的，要重新清稿。

4.2.1.5 数字的写法。正式文件中，除文件编号、统计表、计划表、序号、专用术语和百分比必须用阿拉伯数字书写外，其他用汉字书写。

4.2.1.6 章节序数的写法。一般按下列顺序排列：第一层为："一"，第二层为"二"，第三层为"三"，第四层为"四"。

4.2.1.7 不要滥用简称。年月日、人名、地名、文件名称、事物名称等，一般不要写简称。

4.2.2 公文审核。公司的文稿在送领导签发前，应由文件起草部门负责人核稿后送总经办进行规范审核，必要时由总经办报财务管理部进行经济审核。

4.2.3 审核的重点：

4.2.3.1 是否需要行文。

4.2.3.2 是否符合国家的方针、政策、法律、法规；与公司以前发过的公文是否矛盾；与公司现行的规章制度是否衔接；数据是否准确。

4.2.3.3 提出的要求和措施是否明确具体、切实可行。

4.2.3.4 处理程序是否完备，行文关系、公文格式是否符合规定。

4.2.3.5 文字叙述是否符合文法和逻辑，标点符号是否正确。

说明：审核时如发现不妥之处，必须进行修改，属于原则性的问题，应退回原拟文部门修改，改动过大的，要由拟稿人重新抄正。

4.2.4 公文签发。公司行政文件，视情况由总经理签发。有部门章的部门内发文，由行政人事部签发。

4.2.5 公文拟稿、改稿和签发，一律用钢笔，禁止使用铅笔和圆珠笔。

4.2.6 签发后的公文不得再作任何修改。若确需修改，必须重新送签。

4.2.7 公文签发后，其打印、盖章、装订、登记、分发工作，由各部门指定专人负责。以公司名义发文由总经办秘书负责。打印文件要美观大方，符合公文格式。装订要整齐牢固，不漏页、错页、粘页。印章盖在年、月、日的中上方，上沿不压正文，下沿略压年、月、日，如正文末页无空当，可另起一空白页注上日期盖章，并在该页的左上方标明"此页无正文"字样。

4.2.8　公文校对一般由拟稿人负责，特殊情况由总经理秘书依原稿校对，非主办人不得擅自改动原文。校对后发现的差错，由校对人员负责；校对后，打字员没有改正的，由打字员负责。

5　文件的管理。

5.1　各系统和部门要指定专人（兼职档案员）负责文书的处理与保管工作，系统和部门负责人要督促其定期归档并加强对相关人员的保密纪律教育，严禁将秘密文件带出公司。文件传递过程中，必须办理登记、签收、注销等手续，并按照文件登记处理簿检查归档，以防遗漏。

5.2　文件的收集保管与定期归档见《文件档案管理规定》中的有关规定。

6　附则。

6.1　本规定由行政人事部制定并负责解释与检查。

6.2　本规定报总经理批准后实施，修改时亦同。

6.3　本规定施行后，凡既有的类似规章制度自行终止，与本规定相抵触的规定以本规定为准。

6.4　本规定自颁布之日起实施。

十七、公司报刊、邮件、函电收发规定

1　公司公私报刊、外来邮件、外发公文、函电由行政文员负责收发。

2　外发函、电要求。

2.1　各部门因公需外发函、电，经办人员应于每天下午3点以前将函件、电报底稿送到行政文员处，并填写《挂号、平信、电报外发登记表》。

2.2　每天下午4点以前，行政文员应将当天外发函、电清点，累计送交邮局寄发。

3　外来邮件管理。

3.1　外来邮件一律经行政人事部签收、分发。

3.2　凡挂号、纸包、包裹单、汇款单、货运单等由行政文员通知收件人到行政人事办公室当面签收。

3.3　一般公文函、电和公司职工私人信件，由行政文员开具清单分放到各部门相关负责人处。

3.4　私人不明平信一律放到信架（信袋）内，由个人自取。

3.5　不论公私邮件行政文员应随到随清，及时分发，不得丢失损坏，搁置延误。对国外来函应检查封口、邮戳，如发现拆封或邮票被撕毁应拒绝签收，并向邮局反映，查明缘由。

3.6　凡挂号信、汇款单、包裹单、货运单等的收件人，在接到行政人事部通知后，应随即到行政人事部领取邮单，并及时去邮局取款取件。超期罚款，行政人事部概不负责。

4　报刊订购与收发。

4.1　报刊订购。

4.1.1　订购时间：分上半年和下半年。

4.1.2　订购手续：不论部门和个人，均需先到行政人事部查阅报刊目录，再将需要订购的报刊代号、名称、出版日期、单价、订购份数、期数在《报刊订阅表》填写清楚，交行政文员核对算价，确认无误后，当面缴款开票。公费订购报刊由行政专员持订单到财务部门办理付款手续，归口管理报刊。公费订购的部门除按上述要求填写预订单外，尚需填写《报刊分发清单》，详细写明各种报刊分发到哪些部门或领导。

4.2　报刊收发。

4.2.1　行政文员每天对邮局送来的报刊应对照邮局分送清单分类清点，发现有差错应及时登记并要求补缺退余。

4.2.2　行政文员收到邮局送来的报刊后应及时分发，不得耽搁延误。

4.2.3　每天分发到各部门的报刊应随附分发清单。

4.2.4　各部门应固定专人按时领取报刊和公启函电。领取时，要对照分发清单清点检查签名，发现差错，应当面向行政文员提出增补退换要求，并进行差错登记。当面未提出，则视为分发无差错。

5　行政文员应坚守工作岗位，节假日、星期日应有人值班，休息应采取换休形式。

6　附件。

6.1　《挂号、平信、电报外发登记表》。

6.2　《报刊订阅表》。

6.3　《报刊分发清单》。

十八、车辆使用与管理规定

1　目的。

1.1　为加强公司车辆的使用与管理，有效地配合和提高各部门的工作及效率，提高车辆的有效使用率，节约车辆的各项费用开支，对公司所有车辆实行统一管理,特制定本规定。

2 适用范围。

2.1 公司所有车辆。

3 车辆管理。

3.1 公司所有车辆由行政人事部统一管理并建立车辆档案,做到一车一档案,将车辆型号、车牌号、车况等数据逐一登记。

3.2 车辆由行政人事部指定专人负责管理,责任落实到人。

4 车辆使用。

4.1 各部门用车必须先到行政人事部填写《用车申请表》,并交由本部门经理核准,行政人事部经理审批后,方可用车。

4.2 长途用车需提前一天告知行政人事部,并填写《用车申请表》。

4.3 市内用车需提前两小时告知行政人事部,并填写《用车申请表》。

4.4 行政人事部根据《用车申请表》在《车辆使用登记表》上做好用车登记记录。

4.5 公司车辆主要保证公务用,恕不外借。

4.6 除公司分配给个人使用(或相对固定配给个人或部门)的车辆外,司机应在每次完成出车任务后,将车钥匙交到行政人事部。

4.7 用车部门的人员由司机送至目的地后,若短时间(半小时)内可办完事,司机可等候;若时间不定,司机要立即返回公司,以便完成其他任务。

4.8 行政人事部在接到各部门申请后,需全力安排使用车辆,以提高车辆利用率(先急后缓,尽量安排同行)。

4.9 每位司机在接到出车任务后,对任务的性质及相关的行车问题,必须主动了解清楚,以便迅速准确地完成任务。

4.10 每位司机必须对所使用的车辆进行经常性的维护和保养,定期检修,尤其是在出长途车前必须对车辆进行仔细检查,防患于未然,从而保证每次出车的安全、顺利、高效。

4.11 司机不得擅自将自己驾驶的车辆交给其他人员或无牌照人员驾驶,一经发现将严肃处理或辞退。

4.12 司机在出车前一定要保持头脑清醒,手脚敏捷,严禁酒后驾驶。

5 车辆的维护与修理。

5.1 车辆维修费用支付,须在事先按程序报批,送修车辆应由申请人填写《车辆维修申请表》,公司行政人事部安排统一定点维修。

5.2 车辆日常维护,由行政人事部经理审批,维修金额超过 500 元,须报总经理审批后方可。维修项目清单将随本车档案存档,行政人事部做好相关记录。

5.3　所有车辆的维修、保养必须在与公司签订协议的维修厂进行。

6　车辆费用管理。

6.1　车辆的养路费、保险费、车船使用税及证照年审费用由行政人事部统一办理。

6.2　车辆燃料、维修等费用，每月核算一次，记录在该车辆档案中。

6.3　未经批准，司机私自用车或违章驾车所造成的一切损失费用均由司机和用车人自行承担。

7　附件。

7.1　《用车申请表》。

7.2　《车辆使用登记表》。

7.3　《车辆维修申请表》。

第二节　行政管理制度

0　发布令。

为推进公司规范化管理，提高工作效率，促进公司发展，公司根据章程规定，参照国家有关法规制定本《行政管理制度》。

本制度作为公司行政法规性文件，经董事会批准，现予以发布，自发布之日起实施，要求全体员工认真学习，严格遵守和执行。

董事长：＿＿＿＿＿＿＿

＿＿＿年＿＿＿月＿＿＿日

一、会议管理制度

为加强公司的管理，使部门之间、上下级之间能更好地协调沟通，特制定本制度。

1　会议组织原则。

公司会议实行民主集中制、以精简为原则。

2　会议召集、时间、执行。

2.1　董事局会议。

由董事局召集、会议由董事局秘书组织及记录，会议时间及安排由董事局通知。

2.2 员工大会。

每年召开一次，全体员工出席，时间拟定为每年三月份，由行政人事部组织及记录，临时会议由公司临时决定。

2.3 总经理办公例会。

由行政人事部经理组织记录，每两周一次，暂定为周六上午9:30，由总经理主持。

2.4 部门经理级以上例会。

由行政人事部经理组织记录，每周一次，定为周六上午9:30，总经理视会议内容决定是否出席。

2.5 部门工作例会。

由部门经理组织记录，参加人员为本部门全体员工，会议时间由部门根据工作需要安排。

2.6 专业知识研讨会。

定为每周六上午，于总经理会议或部门经理会议后召开，每周一位主持人，组织专业知识研讨，目的是交流业务知识，统一业务认识。

2.7 所有会议内容。

记录汇总行政人事部，由行政人事部分别呈报处理。

3 会议纪律。

3.1 总经理办公会议、部门经理会议、专业知识研讨会会前，行政人事部应先下发开会通知，说明主持人、会议的目的和主题，以及应到会人员。

3.2 所有会议，到会人员须签到，而且必须做好会议记录，不能到会的必须事先说明原因，否则视作旷工一天处理。

3.3 注意会场纪律，到会人员必须关闭手机，若有紧急业务需将手机调至振动状态。

3.4 参加任何会议，必须坐姿端正，不得斜靠椅背，不得跷二郎腿，不得托腮。

3.5 参加任何会议，不得喧哗，绝对不允许轻视任何一位上级领导、主讲者或是主持人。

3.6 与会者享有畅所欲言、人人平等、民主、自由的发言权利，但不得会上不说、会下乱说，当面不说、背后瞎说。

3.7 参加任何会议，不得因意见分歧而出言伤人或进行人身攻击，绝对禁止出言不逊和出手伤人的行为。

二、保密制度

为保守公司机密、维护公司权益，制定本制度。

1　机密定义。

公司机密是关系公司权益和利益，依照特定程序确定，在一定时间内只限一定范围人员知道的事项。

2　保密人员界定。

公司全体人员都有保守公司机密的义务。

3　保密方针。

3.1　公司保密工作实行既保密又便利工作的方针。

3.2　在对外交往与合作中确需提供公司机密事项的，应当事先经总经理批准，但不得将机密资料复制、摘抄或擅自携带出公司。

3.3　对于违反保密制度，造成泄密事件，损害公司利益的责任人将视其情节轻重和造成损害的程度，依法追究其行政、经济责任；构成犯罪的移交司法机关处理。

4　保密范围。

公司下列资料和事项属于本制度适用的保密范围：

4.1　关于公司重大决策的机密事项。

4.2　公司当前未实施的经营战略、方向、规划及经营决策。

4.3　公司内部掌握的合同、协议、意向书及可行性报告、主要会议纪要。

4.4　公司财务预、决算报告及各类财务报表、统计报表。

4.5　公司掌握的尚未进入市场或尚未公开的各类信息。

4.6　公司员工人事档案、工资收入档案及其他相关资料。

4.7　有关技术材料。

4.8　其他经公司确定的保密事项。

5　保密场所。

公司保密的重点场所：总经办、行政人事部、资料室、秘书室、财务室。

6　机密文件销毁。

档案员应在每年年底清理档案，将无须继续保存或已取消机密性质的文件填制《机密文件销毁表》呈部门经理审核，报总经理批准销毁或按机密级文件重新归档。

三、档案管理制度

档案管理工作是维护本公司经济利益、合法权益和保存公司历史面貌的一项重要工作。因此，为维护档案的完整与健全，制定本制度。

1 档案管理准则。

1.1 公司所有员工都有保护档案的义务。

1.2 存放档案用文件柜架，在陈列时应按照类别次序由左向右、由上而下地陈列。

1.3 档案管理员定期对档案进行清理核对，检查质量，做到账物相符，对破损档案应及时进行修补和复制，确保档案的原始性、完整性、准确性、系统性。

1.4 档案如有丢失、损坏或泄密，要立即追究当事人责任。

1.5 调离本公司的员工，必须清理、移交档案后方可离职。

2 归档范围。

凡公司在各项业务中形成的具有保存价值的材料都必须整理、立卷、归档，其范围包括：

2.1 行政档案。

包括公司制度、计划、章程、经营合同书、重要会议记录、项目方案及正式文件（包括决议、决定、委托书、通知等）及有关证件、护照等的正副本等。

2.2 人事档案。

包括公司员工招聘、录用、工资、调配资料以及职工在职培训等资料。

2.3 项目档案。

同一项目中，项目的合同策划、运营、招商等全过程内容。

2.4 财务档案。

公司的税务登记及财务报表、账簿等财务资料。

3 归档份数。

归档份数一式一份，重要的和使用频繁的文件可一式二份或适当增加其归档份数。

4 档案借阅。

4.1 公司员工因工作需要借阅绝密级档案时，需填写《档案借阅申请表》经有关人员批准后方可借阅。

4.2 借阅者在借阅档案时应做到以下几点：

A. 按规定办理借阅手续，定期归还。

B. 不得随意折叠或拆散所借档案，严禁在档案上面随意更改、涂写。

C. 遵守保密要求。

密级	内容	权限
机密级	主要会议纪要、经营情况、统计资料、公司的规划	总经理批准
秘密级	公司合同、章程、协议、尚未进入市场或尚未公开的各类信息等	总经理批准或授权给相关部门经理批准
一类资料	各类规章制度	主要部门经理批准
二类资料	下发的有关文件、通知等	档案员批准

4.3　存档时，档案管理员记录清楚《文件资料存档记录表》。

4.4　借出和归还档案时，档案管理员和借阅者当面核对清楚，档案管理员须对每次借阅、归还档案情况清楚填写《档案借阅登记表》备案。

5　保存期限。

文件保存期限除按照有关法规规定之外，按以下规定办理。

5.1　永久保存的文件。

公司章程、合同、公司成立批文、验资报告、固定资产的证件、债权凭证、年度决算报告、员工人事资料卡、人事档案、重要会议记录以及其他经批准永久保存的文件。

5.2　十年保存期限的文件。

财务报表、会计凭证、项目实施方案、公司账目、中期经营计划资料，其他经批准保存十年期限的资料。

5.3　五年保存期限的文件。

期满或已解除的劳动合同、有关项目的文件资料，其他经批准保存五年期限的资料。

5.4　一年保存期限的文件。

没有必要长期保存的文件。

6　档案销毁。

每年依档案保存期限的规定清理一次，保存期限届满者，造册呈总经理批准销毁，销毁档案应注明销毁日期。

四、印章管理和使用制度

印章是公司的标志和象征，是开展各项工作的依据和手段，为避免因印章管理不善给公司带来损失，特制定本制度。

1　印章应由公司安排专人负责保管和使用。

2　公司印章的使用应谨慎、严肃、认真，必须按规定程序申请报批，任何人不准擅自使用。

3　公司各部门使用印章时，需填写《用章申请表》经总经理批准后方可用章。

4　凡公司内部文件或属于部门业务职能范围内的外发文件，可由部门经理或行政人事部经理批复，其他重要对外文件需用章由总经理批准。

5　未经总经理特批，严禁在空白信纸、合同书、法人证明书、法人授权委托书等其他空白文件、证明上盖章。

6　所有盖有公司印章联系业务的材料，同时须注明"仅作联系业务"。

7　用印章前，保管员应认真审核，确保文件内容与用章申请表相符。

8　未经总经理特许，不准将公章带出公司，必须在外用章时，保管员应在场留印。

9　印章必须由保管员亲自盖印，其他任何人不准以任何理由代其盖印，盖印后将《用章申请表》备档。

10　印章遗失后，应及时登报声明作废，并报公安、工商等部门备档，再办理有关补印手续。

11　印章若损坏或注销，应及时交回有关批准单位声明销毁，同时印发有关该印章停用或作废的通知。

五、办公用品、公司设备管理制度

为提倡艰苦创业、勤俭节约的作风，达到爱护公物、物尽其用的目的，特制定本制度。

1　总则。

1.1　办公用品、公司设备是保证公司正常运作的财物，员工应加倍爱惜，反对奢侈浪费。

1.2　员工不准将公司办公用品及设备挪为私用，不准利用职务之便用公款购买任何私人物品。

1.3　各部门对所使用及保管的办公用品与设备需定期检查保养及小心使用，人为损坏原则上按"谁损坏谁赔偿"进行处理。

2　各部门配备标准。

文具用品分为日常消耗品及耐用品两种。

2.1　消耗品。

日常消耗品包括：所有办公消耗物品，如签字笔、墨水、涂改液、纸张等。

2.2 耐用品。

耐用品包括：计算机、订书机、剪刀、计算器、装订机等。

3 办公用品、公司设备申购。

3.1 由所在部门负责人提出申请，统一报行政人事部办理。

3.2 行政人事部根据各部门的配备标准，统一做好采购计划，报总经理审批。

3.3 行政人事部负责购买，根据财务制度办理付款手续。

4 办公用品领用、储存。

4.1 办公用品由使用人签领、非低值易耗品由部门负责人签领。

4.2 同样办公用品的再次领用，须按照"以旧换新"的原则办理。

4.3 所有领用的办公用品，公司将计入个人成本账户，作为个人绩效考核的参考依据。

4.4 配备在各部门的办公用品、办公设备由各部门使用保管。

4.5 由行政人事部储存备用的办公用品。

4.6 定期盘点办公物资并按照《办公物资管理规定》执行。

4.7 用品领用人，必须填写《办公物资领取表》。

六、电话管理制度

为节约公司资源，提高工作效率，降低公司电话费用开支，特制定本制度。

1 本公司电话、传真及设备由行政人事部统筹管理，由各使用部门负责保管和使用。

2 公司电话主要是开展业务之用，员工应尽量避免在公司内接打私人电话，私人电话不超过三分钟为宜。

3 员工使用电话用语应尽量简洁明确，以减少通话时间。

4 使用长途电话时，原则上采用较经济的 IP 电话卡进行长话业务，IP 电话卡由各部门主管具体负责使用事宜。

5 严禁拨打声讯电话及股票咨询电话，若拨打此类电话，费用由当事人承担，并给予处分。

6 拨打或接听电话时，要求使用规范的礼貌用语和适中的语音语调。

7 各部门的电话费用列入部门的办公开支，将作为年终部门考核的依据之一，未请示领导而利用公司电话打私人长途的，每次处通话金额的十倍罚款，各部门主管对本部门电话的管理负责。

七、车辆及司机管理制度

为加强公司车辆的保管及维护，合理安排车辆的使用，特制定本制度。

1 车辆使用及司机管理。

1.1 公司车辆是公务专用，如私事特别紧急，经行政人事部经理批准后方可使用。

1.2 公司车辆实行统一管理，统一调用，由行政人事部统一安排，每部车辆实行专人负责制。

1.3 原则上公司部门经理级以上管理人员、财务人员、公务外出时方予派车，其他人员特殊情况外出时须经部门负责人同意，行政人事部核准后才考虑派车。

1.4 为及时、有效地使用车辆，用车部门应提前一天填写《用车申请表》，部门主管级以上人员均有权批示，交由行政人事部统一安排车辆。如遇紧急事件，可由行政人事部根据情况安排出车并事后补单。

1.5 司机与车辆的使用由行政人事部根据事务的轻重缓急统一调派，并尽量安排科学合理，有效使用，严禁个人直接与司机联系出车，如违反本规定，将追究使用人和司机责任。

1.6 行政人事部应建立车辆档案。

1.7 所有车辆，车匙及有关证件及保险资料（除专用车匙及行驶证由本人携带外），统一由行政人事部保管并负责办理年审、保险。

1.8 司机必须保证所保管的车辆内外整洁美观，并做好日常的检修维护及定期保养工作，确保车辆的安全使用并尽可能降低损耗延长其使用年限。

1.9 公司车辆应由专职司机或指定专人负责驾驶，每次出车时司机须填写《出车登记表》，司机不准随意将车辆交由他人驾驶。

1.10 业务用车司机应按规定的时间及路线行驶，不准擅自变更行程或增加时间，如有正当理由，不能按时返回时，司机应以电话与行政人事部联络，以免耽误他人工作。

1.11 无特殊情况，司机不准以任何理由拒绝出车。

1.12 公司司机严禁酒后驾车，不准公车私用。

2 汽车故障和维修。

2.1 车辆维修统一由行政人事部提出修理计划，并填写《车辆费用申请表》。

2.2 修理计划经总经理批准后，由司机送达定点维修厂修理。

2.3 司机对修理清单认真审核无误后，在修理清单上签名确认，如与原修理计划有较大偏差时，应及时报告行政人事部，经同意后方能修理。

2.4 车辆维修时，驾驶司机应监修和验收，行政人事部审核。

2.5 若因司机使用不当造成车辆损坏时，所需修理费用由公司与司机各分担一半。

3 车辆违章、肇事及意外事故的处理。

3.1 司机肇事除应负刑事或民事责任外，另依本规定处理。

3.2 肇事责任属于司机过失的，若赔偿金额超过保险金额时，其差额由公司和肇事司机各承担一半。

3.3 司机违反交通规则，罚款由司机独立承担。

3.4 由于司机过失造成车辆或零部件被盗，司机应负连带赔偿责任，若损失金额超出保险金额时，不足金额部分由司机负责赔偿。

4 车辆停放。

4.1 车辆不使用时，应统一停放在公司指定区域内，除正在使用的车辆外，所有车匙及相关行驶证件均应交回行政人事部统一保管。

4.2 车辆外出时，应停放在安全处或指定停车处，因乱停放而受到的处罚由司机自行负责。

八、计算机管理

1 计算机使用。

1.1 由公司根据业务特性和工作要求统一配发到各使用部门，各部门应正确使用和保护。

1.2 管理人员和操作人员应掌握并提升岗位要求的计算机软件操作技能。

1.3 操作人员应正确使用计算机，防止计算机病毒。

2 计算机管理规定。

2.1 公司计算机设备的管理采取集中与分散结合的办法。

2.2 各部门使用的计算机设备应由各部门负责管理，包括操作流程与数据资料的保管。

2.3 计算机由网络管理员负责保养维修，保养维修记录报行政人事部备案。

2.4 严禁公司员工利用业务名义上网聊天玩游戏及进行其他非法活动，违反者每发现一次罚款 50 元人民币。

2.5 部门独立电脑由部门负责人直接负责管理，必须设置密码。

2.6 所有电脑因个人操作不当而导致损坏的由其本人负责赔偿。

九、文件收发制度

1　外来文件管理。

1.1　外来文件，归口由行政人事部统一收集、登记并根据文件性质及时派送到有关部门。

1.2　收发由部门负责人统一签收，并按事件内容及时传阅，须由总经理决策的，及时呈送总经理审阅，决策。

1.3　外来文件的归档管理遵循 5.0 档案管理制度。

2　外发文件管理。

公司对外文件，由经办部门的主管负责编写，行政性文件统一由行政人事部列印，财经性文件统一由财务部列印，并交总经理审批后方可加盖公章或部门章。

3　公司内部文件收发。

公司内部文件统一由行政人事部编写、列印、按有关内容审批，由行政人事部统一发到各有关部门。

十、员工对外形象

1　公司所有员工需按公司《员工着装管理规定》统一着装。

2　员工对外洽谈业务须统一使用公司配备的用品，如徽标、手提袋、稿纸、书写工具等。

3　员工对外业务拜访时，必须按《员工着装管理规定》进行业务拜访。

十一、附则

1　本制度经董事会通过，由总经理发布实施。

2　本公司其他规章制度，如有与本制度相抵触的，以本制度规定为准。

3　为适应实际工作需要，各部门应在实施过程中以不抵触本制度规定为原则，提出修订、补充意见并可制定相关的管理规定及条例。

4　本制度从发布之日起，前三年每年修订一次，之后每三年修订一次。

5　本制度由行政人事部负责解释。

第三节　行政管理表格

一、办公室固定资产登记表

物品：　　　　　　　　　　　　　　　　　　　　　　　　　　　　　　日期：

序号	物资名称	规格型号	数量	确认签名	备注

二、报刊订阅表

报刊代号	名称	出版日期	单价	订购份数	期数	备注
合计						
订阅人						

三、报刊分发清单

报刊名称	份数	接收单位	接收人	接收时间	备注

四、部门物资采购申请表

部门：＿＿＿＿＿＿＿＿＿　　　　　　　　申购日期：＿＿＿＿＿＿＿＿

序号	物资名称	规格	数量	估价	时间要求	备注
	部门主管					

备注：备注栏里请填写申购物资的特殊功能要求及其他相关事项。

五、车辆使用登记表

日期	车牌号码	驾驶人	出车时间	领取证件	收车时间	归还证件	验收人	备注

六、车辆维修申请表

车牌号		司机	
维修时间		维修频率	
维修地点		维修费用	
车辆情况			
行政人事部			
总经办			
备　注			

七、档案借阅申请表

部门：＿＿＿＿＿＿＿＿＿　　　申请人：＿＿＿＿＿＿＿＿＿

序号	档案名称	部门经理审批	行政人事部经理审批	总经办审批	借阅时间	归还时间	备注

八、档案销毁记录表

销毁日期	档案名称	编 号	备 注

档案管理员：　　　　经办人：　　　　审核：　　　　审批：

九、档案销毁审批权限表

部门		档案保管人	
销毁档案名称		档案编号	
销毁理由			
部门经理意见			
行政人事部意见			
总经办意见			
备注			

十、电话需求申请表

部门：_____

部门主管		申请时间	
电话申请事由			
行政人事部意见			
总经办意见			
备　　注			

十一、复印、打印、传真登记表

日　期	部　门	姓　名	内　容	纸　型	数　量	备　注

十二、工作联系单

时间: ____年____月____日

委派部门/人		接收部门/人	
工作内容			
工作完成要求			
完成时间			
备注			

××国际商业广场商业经营管理有限公司

十三、公司物资购买申请表

申购日期：

序　号	物资名称	规　格	数　量	价　格	备　注
行政人事部经理					
副总经理/总经理					

十四、挂号、平信、电报外发登记表

部　门	姓　名	外发信件名称	外发时间	经办人	备　注

十五、合同借阅、复印审批权限表

部门		借阅人	
合同名称		合同编号	
借阅、复印理由			
借阅时间			
归还时间			
部门经理意见			
总经办意见			
合同保管人意见			
备注			

十六、会议、培训签到表

会议（培训）主题：_____　　　　　时间：_____

主持单位（人）：_____　　　　　地点：_____

序号	部门	参加人员签名	备注	部门	参加人员签名	备注

十七、会议纪要

编号：_____会_____号

呈　送：_____　　抄　送：_____

日　期：_____　　地　点：_____

主持人：_____

参会人：_____

记录人：_____

会议主题：_____

打印：_____　　审核：_____　　签发：_____

十八、来访人员登记表

序号	来访人	电话号码	工作单位	来访事由	被访人	访问时间	备注

监督人：

十九、临时物资购买申请表

申请部门				日期	
序号	物资名称	规格	数量	价格	备　注

申请理由：

部门主管：

仓库保管员：

副总经理/总经理：

二十、年度合同一览表

年份: _____

序号	执行编号	合同名称	合同编号	备注

二十一、文件复印、打印申请表

部　门		姓　名		日　期	
复印纸型		内　容			数　量
部门经理					
行政人事部经理					

××国际商业广场商业经营管理有限公司

二十二、文件记录/销毁申请记录表

序号	文件记录/销毁清单	销毁理由	部门负责人审批	分管副总经理/总经理审批	销毁时间及经办人

二十三、文件收发记录表

序号	文件信息		接收					发出				
	编号	文件名称	接收单位	数量	接收日期	接收人		发出单位	数量	发出日期	发出人	

二十四、文件资料存档记录表

序号	编号	文件资料名称	归档类别	归档时间	归档人	备注

二十五、文印设备维护记录表

日　期	维修、保养内容	维护人

二十六、物资借用表

序号	物资名称	规格	数量	借用日期	归还日期	签名	备注

二十七、物资库存清单

序号	物资名称	规格	总数	余数	已发放数	备注

二十八、物资领用表

序号	物资名称	规格	数量	签名	日期	备注

二十九、物资盘点表

序号	物资名称	规格	编号	数量	分配地点	备注

三十、业务（费用）申请记录表

业务申请人		业务时间	___年___月___日至___年___月___日 合计：___天		
业务城市	1.		2.	3.	
业务内容	1. 2. 3. 4. 5.		达到的目的及效果	1. 2. 3. 4. 5.	
业务路线					
业务交通费用预测		业务应酬费用预测			
业务人借支款额		业务申请人签字			
项目负责人意见批示					
业务人业务效果总结		拜访客户电话、地址			
		1. 2. 3. 4. 5.			
业务人业务出差票据粘贴处				业务费用统计： 业务人签字： 负责人签字：	

备注：

1. 所有业务人员必须先行填写此业务申请表，经项目负责人批准，方可执行。

2. 所有业务人员必须严格遵守公司各项规章制度，非规定业务范围内的费用票据一概不予报销。

3. 所有业务票据必须经当事人详细业务备签说明，并经项目负责人签字后方可确认有效，给予报销。

4. 任何人员不得有虚报、假报、贪污等违规行为，否则，将追究当事人责任及负责人的连带责任。

说明：业务内容不够书写时，可附页（背面）记录说明！

三十一、印章保管、使用登记表

印章印模	使用时间	经办人	备注

三十二、印章领用、移交、销毁登记表

部门	姓名	时间	领用、移交、销毁印模	备注

三十三、印章制发、收缴、销毁登记表

印章印模	制发、收缴、销毁	经办人	经办时间	备注

三十四、用车申请表

_____年___月___日

用车部门				申请人	
出车事由					
预计用车时间			部门经理审核		
司机			车牌号		
行政人事部审批			出车时间： ___时___分至 ___时___分		

　　注：（1）各部门用车均须提前通知行政人事部，以便统一调用。
　　　　（2）出车司机要如实填写过路费、过桥费、停车费。

××国际商业广场商业经营管理有限公司

三十五、用章申请表

申请人		用章类别		申请日期	
用章理由					
部门主管					
总经办					
备注					

××国际商业广场商业经营管理有限公司

三十六、钥匙领用登记表

序号	时间	领用人	领用事由	保管人	备注

财务管理制度篇

一、总则

1 目的。

为加强公司的财务管理工作，发挥财务在公司经营管理和提高经济效益中的作用，使财务管理制度化、规范化，保证财务资料真实、完整，根据《中华人民共和国会计法》、《中华人民共和国公司法》、《企业会计准则》和《会计基础工作规范》中的有关规定，结合公司经营特点和管理要求，特制定本制度。

1.1 内容。

1.1.1 公司财务部直属由董事长特别授权的总经理领导，建立健全公司会计核算制度，行使财务管理的计划、指导、监督、核算职能。

1.1.2 遵守国家有关政策法规、严格执行国家税收政策和财务制度，准确、及时地反映公司的财务状况，为公司经营决策提供可靠依据。

1.1.3 遵循"合理、快速、安全、高效、节约"的原则对资金进行统筹调配。

1.1.4 准确、及时地负责收取各种应收账款，杜绝资金"漏"、"错"、"流"、挪用现象。

二、财务机构设置

1 财务机构设置。

1.1 公司应根据实际规模及经营特点设置财务机构，配备专职财务人员。

1.2 公司财务机构一般由财务经理、会计和出纳组成。

2 财务部工作范围。

2.1 认真贯彻执行国家有关财经纪律、财经制度，加强财务管理，遵守国家政策法令，保证公司利益不受侵犯。

2.2 建立健全财务管理的各项规章制度，编制财务计划，加强经营核算管理，反映、分析财务计划的执行情况，检查监督财务纪律执行情况，完成上级下达的各项任务。

2.3 在总经理领导下，负责公司的资金调配、成本核算和财务管理，推行现代化财务管理方式，进行企业经济核算和分析工作，并反映其成效，促进公司取得较好的经济效益。

2.4 合理分配公司收入，及时完成需要上交的税收及其他费用。

2.5 有关机构及财政、税务、银行等部门了解、检查公司财务工作时，财务部主动提供有关资料，如实反映情况。

2.6 负责公司资金管理，监督增减变动、负责盘盈、盘亏、报废清理、货款结算、催收和处理等工作。做到情况清楚、手续完备、数据准确、处理及时。

2.7 负责财务历史资料、文件、凭证、报表的整理和立卷归档工作，并按规定手续报请销毁。

2.8 负责组织起草财务方面的管理制度及有关规定。

2.9 完成公司交给的其他任务。

3 财务部工作职权。

3.1 对公司各项基金和费用的使用有检查、监督权。有权根据公司经营情况的变化，对资金、费用的使用提出调整方案。

3.2 对违反国家政策、财经制度、财经纪律的收、支款项有权劝阻、制止和向上级反映。

3.3 对公司集中审编的有关财经方面的规定和管理制度有权提出修改意见。

3.4 有权对公司及各部门的费用开支情况进行检查并提出奖惩意见。

3.5 有权组织召开经济活动分析会，并向各部门索取相关资料和报表。

3.6 有权要求各部门提供编制年、季、月度财务成本计划所需的各种相关资料。

三、财务工作管理

1 会计年度自公历1月1日起至12月31日止。

2 会计凭证、会计账簿、会计报表和其他会计资料必须真实、准确、完整，并符合会计制度的规定。

3 财务工作人员办理会计事项必须填制或取得原始凭证，并根据审核的原始凭证编制记账凭证。会计、出纳员记账，都必须在记账凭证上签字。

4 财务工作人员应当会同总经理办公室专人定期进行财务清查，保证账簿记录与实物、款项相符。

5 财务工作人员应根据账簿记录编制会计报表上报总经理，并报送相关部门。会计报表每月上报一次。会计报表须会计签名或盖章。

6 财务工作人员对公司实行会计监督。财务人员对不真实、不合法的原始凭证，不予以受理；对记载不准确、不完整的原始凭证，予以退回，并要求更正、补充原始凭证。

7 财务工作人员发现账簿记录与实物、款项不符时，应及时向总经理或财务经理提出书面报告，并请求查明原因，做出处理。财务人员无权自行处理。

8　财务工作应当建立内部稽核制度,并做好内部审计工作。出纳人员不得兼管稽核、会计档案保管和收入、费用、债权和债务账目的登记工作。

9　财务审计每季度一次。审计人员根据审计事项实行审计,并做出审计报告,报送总经理。

10　财会人员调动工作或因故离职,必须与接替人员办理交接手续,没有办清交接手续的,不得离职,亦不得中断会计工作。

11　移交交接包括移交人经管的会计凭证、报表、账目、款项、公章、实物及未完成事项等。

12　移交交接必须监交。公司一般财会人员的交接,由财务经理进行监交;财务经理的交接,由总经理进行监交。交接人员及监交人员应分别在交接清单上签字后,移交人员方可调离或离职。

四、资金预算规定

1　目的及依据。

1.1　为增强公司经营管理及配合财务部统筹灵活运用资金,以充分发挥经济效用,各部门除应按年编制年度资金预算外,还应逐月编列资金预计表,以便达成资金利用的最大效益,特制定本规定。

2　资金范围。

2.1　本规定所称资金,系指库存现金、银行存款及随时可变现的有价证券。为定期编表计算及收支运用方便起见,预计资金仅指现金及银行存款,至于随时可变现的有价证券则归属于资金调度的行列。

3　作业期间。

3.1　资料提供部门,除应于《年度经营计划书》编订时,提送年度资金预算外,应于每月24日前逐月预计下三个月资金收支资料送财务部,以此汇编。

3.2　财务部应于每月28日前编妥下三个月资金来源运用预计表,按月配合修订。并于次月15日前,编妥上月份实际与预计比较的资金来源运用比较表一式三份,呈总经理核阅后,一份自存,一份留存总经理室,一份送财务经理。

4　收入。

4.1　公司应依据各种业务收入项目及收款期限,预计可收(兑)现数编列。

4.2　凡无法直接归属于公司业务收入的收入,包括财务收入、增资收入、营业外收入等,其数额在10万元以上者,均应加以说明。

5　资本支出。

5.1　土地：依据购地支付计划提供的支付预算数编列。

5.2　房屋：依据兴建工程进度，预计所需支付资金编列。

5.3　设备分期付款、分期缴纳关税等，财务部依据分期付款偿付日期予以编列。

6　材料支出。

6.1　业务部依请购、采购、结汇作业，分别预计内外购商品支付资金编列。

7　薪金。

7.1　财务部依据计划等资料及最近实际发生数，斟酌预计支付数目编列。

8　经常费用。

8.1　管理费用：财务部参照以往实际数目及管理工作计划编列。

8.2　财务费用：财务部依据财务部资金调度情况，核算利息支付编列。

8.3　营业费用：财务部参照以往发生数目及营业状况计划编列。

9　其他支出。

9.1　凡不属于上列各项的支出都属于"其他支出"，包括偿还长期（分期）借款、股息、红利等的支付。数额在 10 万元以上者，均应加以说明。

10　异常说明。

10.1　各部门应按月编制《资金来源运用比较表》，以了解资金实际运用情况，实际数目与预计数目比较每项差异在 10% 以上者，应由资料提供部门填列《资金差异报告表》列明差异原因，于每月 10 日前送财务部汇编。

11　资金调度。

11.1　部门资金由公司最高主管负责筹划，并由财务部协助筹借调度。

11.2　财务部应于下月 5 日前按月将有关银行贷款额度、可动用资金、定期存款余额等资料编列《银行短期借款明细表》呈总经理核阅，作为经营决策的参考。

12　本准则经总经理核准后实施，修改时亦同。

五、现金管理规定

1　目的。

为加强公司现金管理、财务监督，健全现金收付制度，严格执行现金结算纪律，特制定本规定。

2　现金使用范围。

2.1　职员工资、奖金、津贴及劳保福利费用。

2.2　个人劳务报酬。

2.3 出差人员必须携带的差旅费。

2.4 采购办公用品或其他物品，金额在使用支票结算起点以下的开支。

2.5 业务活动的零星支出备用金。

2.6 总经理批准的其他开支。

2.7 支票结算起点暂定为 1000 元，如需调整由总经理确定。

3 现金管理。

3.1 收付现金必须根据规定的合法凭证办理，禁止白条抵库，不准垫支挪用，对违反规定的票据，出纳有权拒绝支付。

3.2 库存现金不准超过规定的限额，超过限额要当日送存银行。如因特殊原因滞留超额现金过夜（如待发放的奖金等），必须经单位领导批准。

3.3 公司购置固定资产采取转账结算方式，不得使用现金。购置办公用品、劳保福利及其他物品价款超过使用现金限额的部分，采取转账结算方式，不得使用现金；确需全额支付现金的，经财务经理审核，总经理批准后支付现金。

3.4 出纳人员不得擅自将单位现金借给个人或其他单位、不准谎报用途套取现金、不准利用银行账户代其他单位或个人存入或支取现金、不准将单位收入的现金以个人名义存入银行、不准保留账外公款，违者按贪污论处。

3.5 出纳人员从银行提取现金，应当填写《现金支票领用单》，并写明用途和金额，由财务经理签字批准后提取，不准超范围、超限额使用现金。

3.6 公司职员因工作需要借用现金，需填写《借款单》，由部门领导签字确认，经财务经理审核，交总经理批准签字后，出纳方可借款。超过还款期限的转为应收款，在借款人当月工资中扣还，原则上不准因私借支公款。

3.7 报销时凭发票、差旅费单据及公司认可的有效报销或借款凭单，经办人签字，部门领导签字，财务经理审核，交总经理批准签字后，到出纳人员处冲抵以前的借款或领取现金。

3.8 财务人员依据总经理提供的核发工资资料按月编制工资表，交财务经理审核，总经理签字，出纳按时提款，发放工资，并填制记账凭证，进行账务处理。

3.9 出纳人员支付现金，可以从公司限额库存现金中支付或从银行存款中提取，不得从现金收入中直接支付（即不得坐支），因特殊情况确需坐支的，应事先报总经理批准。

3.10 一切现金往来，无论金额大小，必须收付有凭据，严禁口说为凭。

3.11 财务部收到收银员交来的现金要经双人清点复核后在缴款单上签字盖章，于当日全部送交银行。

3.12 出纳人员应当建立健全现金账目，逐笔记载现金收、支，每日结算余额，账目应当日清月结，账实相符。

3.13 出纳员每日将前日现金状况按收支项目编制《现金日报表》，报送财务经理和总经理审阅。

3.14 出纳员的库存现金及现金日记账必须接受财务部不定期抽盘。对现金盘点发现的盘盈、盘亏应查明原因并及时进行处理。如果经查明盘盈属于记账错误、丢失单据等，应及时更正错账或补办手续，如属少付他人的则应查明退还原主，如果确实无法退还，应经过一定审批手续作为公司收益处理。对于盘亏，如查明属于记账错误应及时更正错账，如果属于出纳会计工作疏忽或业务水平问题，应按规定由过失人赔偿。

3.15 保管现金的部位要有安全防范措施，门要安装保险锁，存放现金要用保险柜，保险柜钥匙、密码要由专人保管。下班前检查门、窗、保险柜的关锁情况，确保资金安全，方能离开。

4 附则。

本规定经总经理批准后方可实施。

六、支票管理规定

1 支票的使用。

1.1 公司采购人员外出采购商品需用支票，领用支票时财务部应事先将支票登记好，填写收款单位、支票用途、支票号码、预计用款金额等，由经手人在请款单上签字或盖章。其他人员因工作需要购买物品或支付有关费用需借用支票时，要逐项登记日期、支票号码、款项用途、用款限额，并由借用人签字。财务人员在签发支票时，必须填写好日期、抬头、用途、金额大小写，遇有特殊情况，也必须填写日期、抬头、用途。

1.2 借用支票时，财务人员应根据公司采购人员提出的进货品种、数量，按照采购权限，确定资金使用限额，采购人员必须在规定的资金限额内严格掌握使用。遇到特殊情况超过使用限额时，要事先与财务人员联系，经财务人员同意后才能使用。否则造成银行"空额"影响用款或发生银行罚款，由使用人负责。

1.3 采购人员采购商品回到公司后，应持供货单位发货票填制报销单（报销单必须按规定的内容填写），并于当日进行清理，由于客观原因当日不能报销时，应及时向财务人员报告使用数额，以便财务人员掌握资金。

1.4 "使用限额"当日有效。如当日未能使用而次日需继续使用时，需与财务人员重新研究确定限额。

1.5 支票开好后，公司采购人员必须将存根数字和支票票面数字核对相符。支票存根必须按规定填写单位名称、金额、款项用途。

1.6 为防止支票丢失或被盗，对未用完的支票，必须于当日交回公司财务部门注销。

2 支票的管理。

2.1 空白支票和支票印鉴，必须设专人负责保管。支票必须随签发随盖章，不得事先盖章备用，严防支票遗失和被盗。

2.2 财务部门要建立严格的支票管理制度。必须指定专人负责支票的购买及使用，并建立支票登记本，按照支票号码逐一进行登记。对已签发出的支票，要及时催报注销，并定期核对，做到心中有数，发现丢失短少，必须及时查找，同时向领导汇报。

2.3 公司采购人员及有关人员每次借用支票一般不超过两张，特殊情况最多不得超过五张，已用的支票应于当日将支票存根和原始凭证一并交回财务部门。遇特殊情况当日报账有困难的，最多不得超过三天。财务部门接到交回的支票存根时，要核对号码及时注销。财务部门对借出的支票有权随时督促报账。

2.4 借用支票人员必须对所借支票予以妥善保管，不得随便乱改。保管和签发支票要按规定办理，否则发生支票丢失而使商场财产遭受损失的，要追究当事人的责任，并根据情况赔偿部分或全部经济损失。

2.5 借用支票人员一旦发现支票丢失或被盗，应立即查找，并及时向公司领导汇报。并向财务、保卫部门反映，迅速向银行办理挂失手续，向公安部门报案。

2.6 签发支票时，支票用途项内容要填写真实、完整、字迹要清晰、不得更改大小写金额，为避免签发空头支票，财务人员应准确控制银行存款余额，及时正确地记载账务，定期与银行对账单进行核对，发现问题及时解决。

2.7 严格结算办法，必须做到：

2.7.1 不准签发空头支票；

2.7.2 不准签发远期或空期支票；

2.7.3 不准将支票出租、出借或转让给其他单位或个人使用；

2.7.4 不准将支票做抵押；

2.7.5 不准签发印鉴不全、印鉴不符的支票。

2.8 支票使用要求：

2.8.1 支票金额起点为 100 元。

2.8.2 支票有效期为 10 天。

2.8.3　签发支票应使用签字笔填写，没有按规定填写，造成支票被涂改冒领的，由签发人负责。

2.8.4　不得更改支票大小写金额和收款人姓名。

2.8.5　按银行有关规定，因签发空头支票和支票印章与预留银行印鉴不符而造成的退票，银行处以 5%，但不低于 50 元的罚款。对屡次签发的，银行将给予警告，通报批评，直至停止签发支票。

2.9　收到支票后，及时送存银行，不拖不压。

2.10　过期、作废支票要按支票号订在原始凭证序号中，妥善保管，不准将支票乱扔乱放。

七、备用金管理规定

1　目的。
为确保业务需要，保障备用金安全和合理使用，特制定本规定。

2　适用范围。
适用于公司因工作需要而持有的特定人员。

3　备用金的申请审批程序。

3.1　备用金申请程序为：部门或业务需要人员提交备用金计划→主管领导对真实性和必要性进行审核→财务经理对合理性负责审核→总经理批示备用金使用权限。

3.2　备用金借支程序为：根据所批备用金计划，填写备用金申请单→交主管领导审核→交财务经理审批→出纳审核付款。

4　备用金的核定。

4.1　原则上每位收银员 200~300 元，收银组长 300~500 元，服务台退换货值班员 1000~2000 元，如需超额，必须逐级上报进行审批。

4.2　行政人事部备用金最高限额为 10000 元，特殊情况视实际或减或增，并逐级上报进行审批。

4.3　公司除行政人事部、收银员、收银组长和退换货值班员设置备用金外，其他部门和人员暂不设备用金，如确需工作需要临时借款按照《借款规定》进行办理。

5　备用金的管理。

5.1　公司财务部为各部门备用金的支付管理部门。

5.2　备用金不能超出核定范围使用，严禁向他人或部门以白条充抵备用金。备用金须单独存放，专款专用。

5.3 备用金使用部门按备用金实际使用情况，定期向财务部清算备用金，还旧借新。保证备用金的总额与周转使用。

5.4 财务部应定期（1~2 个月）向备用金使用部门审查备用金使用情况，严格禁止挪用公款，备用金额度根据支出业务变化，对使用对象和用途范围半年审定一次。

5.5 财务部在补足备用金后，如发现所附单据有疑问，可直接通知各部门经手人办理补正手续。

5.6 设置备用金的部门，领用的备用金应设专人保管使用。

5.7 财务部在审查备用金时，如发现备用金短少概由保管人员负责赔偿。

5.8 因人员调动或离职等原因造成定额备用金责任人更换的，必须办理变更手续，变更方式采用"借还二条线"，即原责任人办理还款，新责任人办理借款，财务账作相应调整。

6 罚则。

6.1 领用备用金的部门或个人应在备用金到期之前主动到财务部办理个人备用金结清或顺延手续，若逾期不办理，将以当事人的工资冲抵个人备用金，当月工资不足以抵扣的，则在以后数月中继续抵扣，直到结清备用金全款为止。

6.2 备用金借款必须按规定用途使用，不得挪作他用。公款丢失，由当事人承担。

6.3 财务部未经批准私自扩大备用金使用范围或定额备用金限额的，视情节轻重对公司财务部经理处 100 元以上罚款。

6.4 出纳在审批手续不全情况下借支备用金的，按借支金额的 10% 进行处罚，情节严重者直接除名。

6.5 出纳无任何手续或白条抵库，私自借款的，一律除名。

7 附则

本规定经总经理批准后方可实施。

八、暂借款管理规定

1 总则。

1.1 为提高公司资金使用效益，减少资金占用，特制定本办法。

2 管理范围。

2.1 暂借款是指特殊用途的临时性借款，包括：

2.1.1 差旅费借款。

2.1.2 零星购物借款。

2.1.3 其他临时性借款。

3 借款程序和标准。

3.1 对因公出差：

3.1.1 需借支差旅费时，应填写借款单，注明预借金额。

3.1.2 经各级主管、财务经理审查、总经理审批。

3.1.3 到财务部领款。

3.1.4 财务部以借款单为借款依据，报销差旅费审核依据。

3.2 对零星购物借款：

3.2.1 由采购部门作出书面采购计划。

3.2.2 经各级主管、财务经理审查、总经理审核。

3.2.3 到财务部领款。

3.2.4 财务部以采购借款单为借款依据。

3.2.5 一般零星购物借款限额为 2000 元，驾驶员、采购主管可领取定额借款（备用金），定额标准由各部门经理拟订，报总经理审批。

3.3 对个人临时性借款：

3.3.1 一般不予出借，特殊情况经批准可借；曾借款尚未还清者，一律不予再借。

3.3.2 借款人填写借款单，注明个人用途。

3.3.3 经各级主管、财务经理审核、总经理审批。

3.3.4 到财务部以借款单作为借款还款依据。

3.3.5 个人借款一次性一般不超过其二个月工资总额，超过时须有公司担保人。

3.4 暂借款可使用现金、支票或汇票支付，视不同情况和财务规定确定。对经常性借款人员，经批准方可办理信用卡。

3.5 暂借款还款、报销期限：

3.5.1 对出差人员，在返回公司七天内报销差旅费。

3.5.2 对领用备用支票、汇票结算的采购，采购后七天内报销。

3.5.3 对领用备用金的部门、个人，定期报销、结算。

3.5.4 对个人借款，还款最长不超过二个月。

3.6 借款人应按规定期限及时报销或还款。

4 监督和处罚。

4.1 借款人应严格按照借款用途使用借款，不得挪作他用；否则，应按情节轻重追究责任。

4.2 财务部门定期、不定期清理暂借款。对逾期未还、未报者，发送《报销催办单》通知当事人；仍未改进者，扣除当事人工资和采取其他措施。

5 附则。

5.1 本办法由财务部解释并负责修订，经总经理批准实行。

九、费用支出管理规定

1 总则。

1.1 为有效降低公司的运营成本，提高公司竞争力，加强费用的监管并明确监管人责任，严格把好费用开支关，堵塞费用开支上的漏洞，切实减少不合理的费用支出，特制定本规定。

2 费用开支计划。

2.1 公司各部门应根据工作需要，事先拟订费用支出计划，报总经理同意签批后，交财务部备案，审批流程不完整的财务部不予受理。

2.2 各部门必须在当月底根据下月工作计划制订本部门下月费用开支计划，由财务部汇总、审核，经总经理审批，即为下月的费用开支计划。

2.3 公司同时授予副总经理、部门经理对计划内费用开支的审批权限。

2.4 公司费用开支计划富有弹性，并根据实施情况调整或变更授权。

3 审批权限及程序。

3.1 凡公司计划内费用开支审批程序为：

3.1.1 费用当事人申请；

3.1.2 部门经理审查确认；

3.1.3 财务部门审核；

3.1.4 授权分管副总经理或总经理审批。

3.2 凡计划外开支，一律最后报总经理审批。

4 行政费用管理。

4.1 办公用品及低值易耗品采购报销手续。

4.1.1 行政人事部根据计划统一采购、验收、入库，根据发票、入库单报销。

4.1.2 各部门急需或特殊的办公用品，经批准，可自行购买。

4.1.2.1 物品单价在50元以下，或总价在200元以下，由行政人事部经理批准。

4.1.2.2 物品单价在50元以上，或总价在200元以上，由分管副总批准。购买后，提交发票、实物，经行政人事部查验入库单及入账报销。

4.1.3 原则上不报销办公用品的装卸费用。

4.1.4　正常的办公费用开支，必须有正式发票、印章齐全、经手人、验收人签字，按程序批准后方能报销。

4.2　车辆使用费报销。

4.2.1　车辆使用费包括汽油费、维修费、路桥费、泊车费。

4.2.2　行政人事部在掌握车辆维护、用车、油耗情况基础上，制订当月车辆费用开支计划。

4.2.3　油费报销，需由驾驶员在发票背面注明行车起始路程，由行政人事部根据里程表、耗油标准、加油时间、加油数量、用车记录复核，经行政人事部经理签字验核。

4.2.4　路桥费、洗车费由驾驶员报销，由行政人事部根据派车记录复核，经行政人事部经理签字验核。

4.2.5　车辆维修前须提出书面报告，说明原因和预计费用，报销时在发票上列明详细费用清单，由行政人事部根据车辆维修情况复核，经行政人事部经理签字验核。

4.3　差旅费报销。

4.3.1　差旅费按公司制度凭有效票据给予实报实销。

4.3.2　差旅补贴详见公司《差旅管理规定》。

4.3.3　员工因公外出不能按时返回公司就餐者可给予误餐补贴。

4.4　应酬招待开支报销。

4.4.1　应酬应事先申请并得到总经理批准。

4.4.2　原则上不允许先斩后奏，因特殊原因无法事先办理手续的，事后须及时报告有关领导。

4.4.3　应酬一般根据实际情况在定点酒店、宾馆进行，一般在签单卡签字后按月结算，不得擅自在他处应酬或用现金结算。

4.4.4　本着不浪费的原则，所发生的招待费，经办人应在招待费发票上背书写明其招待人员及人数，经部门领导审核，报财务经理签字，总经理批准后，予以报销。

4.5　修理费用报销。

4.5.1　修理费用包括车辆的维修保养、电脑、传真、复印机、电子秤、电器、消防器材等各类财产的维修以及购置的修理配件。

4.5.2　公司车辆的维修保养由行政人事部负责，制订维修保养计划和费用预算，报总经理审批。

4.5.3　空调、电脑、传真、复印机等电子产品维修由使用部门负责，制订维修保养计划和费用预算，报总经理审批。

4.5.4 因个人使用不当造成公司财产损坏需修理的，由个人自行修理，公司不垫支修理费。

4.5.5 对于各类资产的大修理，上述负责部门须提前申请，说明原因和预计费用，获得总经理批准后方可实施。

4.6 其他费用报销。

4.6.1 其他费用包括各项税金缴纳、各项执照的年检、职工培训费用、购买教材（含录像、录音、光盘等）、公司举行各种活动、生日蛋糕、探望职工等费用。

4.6.2 以上费用支付必须由费用所属的责任部门提出申请，总经理批准，按公司规定实施。银行手续费按银行收费标准支付。

4.7 经办人、审批人职责。

4.7.1 经办人（出差人、申请人）必须如实填报各项报支凭证和申请上规定的项目，并对所报支的内容真实性负责，并要求签名确认。

4.7.2 部门经理对本部门人员所发生费用内容的真实性、必要性、合理性审核，对部门所有费用进行控制，并在原始单据上签字。

4.7.3 各职能部门对所属职能内的支出进行审批，对计划和规定负责，并签署审批意见。

4.7.4 财务部和总经理对整个公司费用支出进行控制。

4.7.5 财务部经理对公司所有支出进行计划性、合法性和制度执行情况进行审核。

4.7.6 出纳人员对所有费用报销单据的真实性、合法性做最终的审核。

4.8 费用报销基本要求及原则。

4.8.1 报销费用必须以合理、合法、真实的凭证为依据，原始发票不得伪造、涂改，不得伪造发票。

4.8.2 发生的费用必须按规定分类填写公司统一的报销单据，不得随意填写。

4.8.3 报销单应用蓝色或黑色签字笔逐项填写，禁止使用红色笔、圆珠笔或铅笔，字迹要清晰，不得涂改。

4.8.4 各种原始凭证必须大小写一致，不得涂改，并注明费用发生原因、地点、准确计算金额、单据张数和所属部门和职务，内容和项目必须填写齐全。

4.8.5 原始凭证必须按公司规定的程序进行审核、签字，相关手续必须完备。

4.8.6 原则上由经办人本人报销费用，一事一报，严禁混合报销、伙同报销或代替报销。

4.8.7　3000元（含）以上的费用需向总经理报告，按总经理的指示处理。

4.8.8　出纳人员要严格遵守费用报销制度，认真审核各种凭证，对不符合公司制度的原始票据及越权审批的费用和支出一律不得报支，检查封面金额与所附单据是否相符，并要承担责任，凡不符合规范报支的，按报支额的15%处以罚款。

4.8.9　各种原始凭证由费用所属项目的部门审核并依次呈报审批。

4.8.10　当月各种费用报销必须在每月25日前送呈有关领导审批，各级领导应及时审批，防止造成费用入账逾期现象。

4.8.11　对于手续或填写不符要求的一律退回修改、补全手续、重填凭证；对于不得报支的费用项目，一律退回拒付；对于超期申报的费用，根据规定进行报支。

4.9　核签流程。

4.9.1　经办人将相关的报销凭证备齐，经部门经理核签后，送至财务部会计处进行稽核，然后送财务经理、总经理进行审批，最后出纳员付款。

报销人→部门经理 →会计→财务经理→总经理→出纳员

5　本规定经总经理核准后实施，修改时亦同。

十、资产管理规定

1　总则。

1.1　为规范资产管理工作，避免公司资产流失，提高资产使用效率，结合公司实际情况，特制定本规定。

2　内容。

2.1　公司的所有物品，包括固定资产、耗材、办公设施及办公用品等统称为资产。

2.2　固定资产包括使用期限在一年以上，属于生产经营用的房屋及建筑、机械设备、运输设备、电子设备、什项设备且单位金额在2000元（含）以上的实物资产；使用期限在2年以上，属于非生产经营用的房屋及建筑、机械设备、运输设备、电子设备、什项设备且单位金额在2000元（含）以上的实物资产；自制自建、接受捐赠或其他一切依法取得并符合前2条规定的实物资产；小型工具其耐用年限在两年以上，价值在500元以下者，不必编号设卡，但必须设簿登记列入管理。

2.3　财务部、行政人事部为公司资产总管理部门，负责统一编号、资产调配，并责成各部门对部门资产作妥当管理。

2.4 财务部除总分类账设统驭科目外，并设置固定资产分类账，记载各项资产的价值，各部门经理负责本部门资产的管理工作。

3 资产管理部门。

3.1 所有资产按存放部门划分，各部门负责人对本部门全部资产负全责。

3.2 行政人事部负责督查各部门负责人在职及岗位异动时的资产管理和移交工作。

3.3 行政人事部对各部门资产的申购、购买、维修、报废等负责管理。

4 资产管理要求。

4.1 各部门要设置资产明细清单，指定专人办理资产领退、使用和转移等手续，并定期对本部门所管理的资产进行盘查，保证其完整。

4.2 各部门需购进或调拨资产，应由部门负责人写出书面申请，经主管领导批准报行政人事部，由行政人事部根据库存情况，可调配的调配，不可调配的提出购进计划，由专人负责购买。

4.3 调拨。

4.3.1 需在各部门调配资产时，应由行政人事部填写《内部调拨单》，一式三联，第一联留行政人事部作为记账依据，第二、三联由调入、调出部门各留存一联。《内部调拨单》应有调入、调出部门负责人签字。

4.3.2 非经总经理的批准，固定资产不得外借。

4.4 添置及验收。

4.4.1 购进资产由行政人事部填写《验收单》，一式三联，第一联留行政人事部作为记账依据，第二联同发票一起作为报账依据，第三联由资产使用部门保存，同时作为记增资产凭证。《验收单》应有行政人事部负责人及购入经办人签字。

4.4.2 固定资产的请购由请购部门填请购单，先送财务部、行政人事部查核无法调配时，再按权责规定呈核后交采购人员实施采购。

4.4.3 请购单上应详填中英文名称、规格、型别、性能、质量等资料，作为采购及验收的依据。

4.4.4 各部门除依年度经营计划编列扩充预算外，因特殊需要的资产添购，应说明其添购的效益。

4.4.5 请购的固定资产到公司，由行政人事部验收并填《固定资产验收单》一式三联，第一联由使用部门存档，第二联连同发票及请购核准文件由财务部编制传票付款或转账后存查，第三联送行政人事部存档。

4.4.6 凡经验收合格，由财务部编号后填入《固定资产验收单》，财务部编好号的固定资产，使用部门应即以喷字或其他方式将编号印记于该项固定资产上。

4.5　领用及保管。

4.5.1　固定资产使用部门领用时填写《领料单》，并负责保管，耗材和办公用品由行政人事部统一保管，各部门需用时按核定标准到行政人事部领取。《领料单》应有领料部门负责人及经办人签字。

4.5.2　各部门指定的资产负责人应妥善保管验收单的第一联，并在其背面记载资产的增减及调拨，并随时与财务部核对资料，保持资料的一致。

4.5.3　各部门对本部门存放的资产必须妥善保管并随时保养，对各项耗材和办公用品应节约使用，杜绝浪费。

4.5.4　固定资产使用部门应随时注意保养并尽保管之责，改良其增加资产效能在二年以上者，应填《固定资产（改良）验收单》（格式及填单规定另订）并入原固定资产余额内计算。

4.5.5　行政人事部对各部门使用资产要设置明细账，以备核查，并保证做到账账相符、账实相符。

4.6　出售及报废。

4.6.1　固定资产损耗无法修理，或修理不合经济原则，以及废弃不用的固定资产，应填《固定资产报废出售单》，拟具处理意见送财务部、行政人事部，经呈上级核准后，会同各部门指定的负责人及业务部门出售。

4.6.2　出售时应开具发票办理发货手续，并在第二联上附记栏注明报废单号，以便核对。

4.6.3　出售后的财产，固定资产管理人应将该项《固定资产验收单》，送财务部存查。

4.6.4　报废的资产无法出售时，应将其移交行政人事部。

4.7　盘点。

4.7.1　使用部门应于每月底，依资料定期对资产进行盘点，并查对编号，如有错误，随即更正。

4.7.2　盘点如有数量差异，应追查责任，并拟具改进意见呈上级核实后改进。

4.7.3　行政人事部应会同财务部每两个月对各部门资产进行一次盘查，对于盘亏或盘盈资产应专案说明原因呈报，应依增置或减损的规定办理手续。

5　附则。

5.1　固定资产账卡上金额以购入原价加改良金额为准与财务部核对，至于折旧额则由财务部按规定计算，每半年抄财产目录分送各部门。

5.2　各部门经理移交时，应会同财务部、行政人事部办理资产移交。

5.3　本规定呈总经理批准后实施。

十一、资产控制规定

1　实行全面预算管理。

1.1　全面预算就是将公司的一切经营活动全部纳入预算管理范围。

1.2　财务预算在执行过程中，要突出预算的纲领性，管理的重点要落实在过程控制上。

1.3　财务部门要及时掌握经济运行动态，发现情况，及时查找原因，提出解决问题的方法。

1.4　对由于预算原因造成的偏差，要修正预算指标，使预算真正起到指导经济的作用。

2　积极参与投资决策。

2.1　参与投资项目的可行性研究分析，完善投资项目管理。投资项目决策的前提是可行性分析。

2.2　由于业务和财务考虑问题的角度不同，财务从投资项目初期参与，共同进行研究分析，可以使投资方案更趋完善。

3　加强结算资金管理。

3.1　加强资金管理是财务管理的中心环节。

3.2　财务应根据公司实际经营特点，科学合理调度和运用资金，为企业创造效益。

4　货币资金业务的内部控制。

4.1　现金账分管，出纳员不得负责总账的记录。

4.2　各种收付款业务均应集中于出纳（结算部）办理。

4.3　现金收入和支出必须立即记账，应定期或不定期检查现金记账情况并进行账实核对。

4.4　银行存款收付业务必须定期与对账单核对，并由出纳员以外的人员审核银行调节表。

4.5　库存现金除日常周转需用外应每月解交银行，库存现金必须存放在保险柜。

4.6　发票与收据必须按编号顺序使用，领用空白发票和收据必须进行登记。

4.7　支票签发必须由出纳员和财务经理二人以上负责并签字，并应设置《支票签发登记簿》进行记录。

4.8　所有付款业务只有经过审核批准后方可支付。

4.9　一切收付款必须凭证齐全，收付业务完成后必须加盖收讫和付讫的印章。

4.10　所有与现金或银行存款收付业务有关的人员在业务处理后都必须在相关文件上签字，以备查。

5　采购业务（包括商品、材料和固定资产）的内部控制。

5.1　不相容岗位分离、制约和监督。

5.2　采购与付款业务不相容岗位至少包括：

5.2.1　请购与审批。

5.2.1.1　询价与确定供应商。

5.2.1.2　采购合同的订立与审计。

5.2.1.3　采购与验收。

5.2.1.4　采购、验收与相关的会计记录。

5.2.1.5　付款审批与付款执行。

5.3　严格的授权批准制度。

5.4　完整的采购登记制度。

6　工资业务的内部控制。

6.1　严格划分行政人事部、财务部门的职责，使工资发放由主管行政人事、工资计算员、现金出纳员和内部审计员分工协作完成。

6.2　建立健全劳动用工和考勤制度。

6.3　强化审查复核手续。

6.4　创造条件，委托金融机构代发工资。

7　固定资产业务的内部控制。

7.1　固定资产的购买、自制、报废、清理、转移、调拨和出租均应经过批准，并取得相应凭证。

7.2　固定资产的购买必须签订合同。

7.3　固定资产应建立固定资产目录、明细账和卡片。

7.4　定期对固定资产清点，对账实不相符的情况须经过批准后方可进行财务处理。

7.5　固定资产的折旧和大修理费用必须经过审核。

7.6　报废的固定资产必须经过审核。

8　加速资金周转。

8.1　加速资金的周转，不单是资金量的多少，还要扎实管理日常资金收支，按照实际正确预测什么时候需要多少资金。

8.2 有计划地筹措使用资金，是维护公司信用和形象的保证。为使资金有计划地周转，必须做好以下工作：

8.2.1 确实管理好现金和银行存款，编制现金预算，规划未来的现金流入量和流出量。

8.2.2 协调好信贷关系，保证公司流转资金的取得。

8.2.3 保持收支平衡，研究筹措资金、延长支票和赊购支付物期限的对策。

十二、经济合同管理规定

1 目的。

为较好地管理公司对外的一切经济合同，特制定本规定。

2 内容。

2.1 凡以公司名义对外发生经济活动的，应当签订经济合同。

2.2 订立经济合同，必须遵守国家的法律法规，贯彻平等互利、协商一致、等价有偿的原则。

2.3 本规定所包括的合同有采购、借款、维修、保险等方面的合同，不包括劳动合同。

2.4 除即时清结者外，合同均应采用书面形式，有关修改合同的文书、图表、传真件等均为合同的组成部分。

2.5 原则上使用公司制定的标准合同文本签订经济合同。

2.6 由公司法律顾问根据总经理的授权，负责合同管理工作，指导财务部负责监督合同的履行、合同文本保管与结算工作。

3 合同的订立。

3.1 与外界达成经济往来意向，经协商一致，应订立经济合同。

3.2 订立合同前，必须了解、掌握对方的经营资格、资信等情况，无经营资格或资信的单位不得与之订立经济合同。

3.3 除公司法定代表人外，其他任何人必须取得法定代表人的书面授权委托方能对外订立书面经济合同。

3.4 对外订立经济合同的授权委托分固定期限委托和业务委托两种授权方式，法定代表人特别指定的人员采用固定期限委托的授权方式，其他人员均采用业务委托的授权方式。

3.5 授权委托事宜由公司法律顾问专门管理，授权人员在办理登记手续，领取、填写授权委托书，经公司法定代表人签字并加盖公章后授权生效。

3.6 符合以下情况之一的，应当以书面形式订立经济合同：

3.6.1　单笔业务金额达一万元的。

3.6.2　有保证、抵押或定金等担保的。

3.6.3　我方先予以履行合同的。

3.6.4　有封样要求的。

3.6.5　合同对方为外地单位的。

3.7　经济合同必须具备标的（指货物、劳务、工程项目等）、数量和质量、价款或者酬金、履行的期限、地点、方式、违约责任等主要条款后方可加盖公章或合同章。经济合同可订立定金、抵押等担保条款。

3.8　对于合同标的没有国家通行标准又难以用书面语言确切描述的，应当封存样品，由合同双方共同封存，加盖公章或合同章，分别保管。

3.9　合同标的额不满一万元，按本规定 1.2.7 条规定应当订立而不能订立书面合同的，必须事先填写《非书面合同代用单》，注明本办法所规定的合同主要条款，注明不能订立书面合同的理由，并经总经理批准同意，否则该业务不能成立，并追究相关人员责任。

3.10　每一合同文本上或留在我方的合同文本上必须注明合同对方的单位名称、地址、联系人、电话、银行账号，如不能一一注明，须经公司总经理在我方所留的合同上签字同意。

3.11　合同文本拟定完毕，凭合同流转单据按规定的流程经各业务部门、法律顾问、财务部等职能部门负责人和公司总经理审核通过后加盖公章或合同专用章方能生效。

3.12　总经理对合同的订立具有最终决定权。

3.13　流程中各审核意见签署于合同流转单据及一份合同正本上，合同流转单据作为合同审核过程中的记录和凭证由印章保管人在合同盖章后留存并及时归档。

3.14　对外订立的经济合同，严禁在空白文本上盖章，并且原则上先由对方签字盖章后我方才予以签字盖章，严禁我方签字后以传真、信函的形式交对方签字盖章；如有特殊情况，须总经理特批。

3.15　单份合同文本达二页以上的须加盖骑缝章。

3.16　合同盖章生效后，应交由合同管理员按公司确定的规范对合同进行编号并登记。

3.17　合同文本原则上我方应持单份，合同文本及复印件由法律顾问、具体业务部门等部门分存，原件由财务中心留存。

3.18　《非书面合同代用单》也视作书面合同，统一予以编号。

4　合同的履行。

4.1 合同依法订立后，即具有法律效力，应当实际、全面地履行。

4.2 业务部门和财务部门应根据合同编号各立合同台账，每一合同设一台账，分别按业务进展情况和收付款情况一事一记。

4.3 有关部门在合同履行中遇履约困难或违约等情况应及时向公司总经理汇报并通知法律顾问。

4.4 财务部依据合同履行收付款工作，对具有下列情形的业务，应当拒绝付款：

4.4.1 应当订立书面合同而未订立书面合同，且未采用非书面合同代用单的。

4.4.2 收款单位与合同对方当事人名称不一致的。

4.4.3 付款单位与合同对方当事人名称不一致的，财务中心应当督促付款单位出具代付款证明。

4.4.4 在合同履行过程中，合同对方所开具的发票必须先由具体经办人员审核签字认可，经总经理签字同意后，再转财务审核付款。

4.4.5 合同履行过程中有关人员应妥善管理合同资料，对工程合同的有关技术资料、图表等重要原始资料应建立出借、领用制度，以保证合同的完整性。

5 合同的变更和解除。

5.1 变更或解除合同必须依照合同的订立流程经业务部门、财务部、法律顾问等相关职能部门负责人和公司总经理审核通过后方可。

5.2 我方变更或解除合同的通知或双方的协议应当采用书面形式，并按规定经审核后加盖公章或合同专用章。

5.3 有关部门收到对方要求变更或解除合同的通知后必须在当天向公司总经理汇报并通知法律顾问。

5.4 变更或解除合同的通知和回复应符合公文收发的要求，挂号寄发或由对方签收，挂号或签收凭证作为合同组成部分交由办公室保管。

5.5 变更或解除合同的文本作为原合同的组成部分或更新部分与原合同具有同等法律效力，纳入本规定的管理范围。

5.6 合同变更后，合同编号不予改变。

6 其他。

6.1 合同作为公司对外经济活动的重要法律依据和凭证，有关人员应保守合同秘密。

6.2 业务部、财务部应当根据所立合同台账，按公司的要求，定期或不定期汇总各自工作范围内的合同订立或履行情况，由财务部据此统计合同订立和履行的情况，并向总经理汇报。

6.3 各有关人员应定期将履行完毕或不再履行的合同有关资料（包括有关的文书、图表、传真件以及合同流转单等）按合同编号整理存档，不得随意处置、销毁、遗失。

6.4 公司定期对合同管理工作进行考核，并逐步将合同签约率、合同文本质量、合同履行情况、合同台账记录等纳入公司对员工和部门的工作成绩考核范围。

6.5 凡因未按规定处理合同事宜、未及时汇报情况和遗失合同有关资料而给公司造成损失的，追究当事人经济和行政责任。

6.6 因故意或重大过失而给公司造成重大损失的，移送国家有关机关追究其法律责任。

7 附则。

本规定经总经理核准后实施。

十三、会计档案管理规定

1 总则。

1.1 为加强公司会计档案的科学管理，特制定本办法。

2 会计档案的范围和主管。

2.1 会计档案的范围是指公司的会计凭证类：原始凭证、记账凭证、汇总凭证、其他凭证；会计账簿类：总账、明细账、日记账、固定资产卡片、辅助账簿、其他会计账簿；财务报告类：月度、季度、年度财务报告，包括会计报表、附表、附注及文字说明、其他财务报告；其他类：银行存款余额调节表、银行对账单、其他应当保存的会计核算专业资料、会计档案移交清册、会计档案保管清册、会计档案销毁清册；财务管理规定类：制度、办法、规定；文书类：经济合同、工作计划、总结等。

2.2 磁性介质会计档案包括商场的磁盘、光盘、硬盘等。

2.3 财务部为会计档案主管部门,公司接受上级财政机关和档案业务机关的业务指导、监督与检查。

3 会计档案管理。

3.1 财务部对每年形成的会计档案，按照归档要求，负责整理、立卷或装订成册，当年会计档案，在会计年度终了后，可暂由财务部保管 1 年，期满后原则上编造档案清册移交公司档案部门。归档的会计档案均应保持齐全完整。

3.2 档案部门接受保管的会计档案，原则上应当保持原卷册的封装，个别需拆封重新整理的，会同财务部和经办人共同拆封整理，以分清责任。

3.3 会计档案的保管期限，分为永久、定期二类，保管期限从会计年度终了后的第一天起算。

3.4 档案部门应设置《归档登记簿》、《档案目录登记簿》、《档案查阅登记簿》，做到妥善保管、存放有序、查找方便，严格执行安全和保密制度，不得将会计档案随意堆放，严防毁损、散失和泄密。

3.5 对于多柜存放会计档案，应绘制案卷存放示意图，以便对档案管理状况进行全面清查。

3.6 对破损的会计资料应按裱糊技术要求托裱，字迹已扩散的应复制并与原件一并立卷。

3.7 档案部门应定期对档案管理状况进行清查，对于清查中出现的问题应及时向主管领导汇报，并采取积极有效的措施，保护档案的安全。

3.8 档案室要做到防水、防火、防尘、防潮、防虫。

4 会计档案查询。

4.1 档案部门要熟悉所藏档案的情况，对归档的会计档案必须编制《案卷目录》以及《会计档案归档登记簿》，以利于有关公司的查阅利用。

4.2 凡是需要查阅会计档案的人员都应按规定办理查阅手续，认真填写《档案查阅登记簿》。

4.3 上级机关或外单位需要查阅的，经公司领导和主管领导批准后，且派专人陪同阅看，原件不得借出。

4.4 内部人员查阅会计档案，应经会计档案管理员批准，方可办理查阅复制手续。

4.5 会计档案原则上不得借出，如有特殊需要，需经公司领导和主管领导批准，方可借阅。借出的会计档案，会计档案管理人员要按期如数收回，并办理注销借阅手续。

4.6 查阅或者复制档案的人员，严禁在会计档案上涂画、拆封、作标记、抽换。

4.7 查阅会计档案时，会计档案管理员必须现场监督。

5 会计档案移交。

5.1 会计档案管理员工作变动时，要办理会计档案移交手续。

5.2 移交时，由原管理员编制会计档案移交清册，列明会计档案所属会计档案名称卷号、册数、起止年度和档案编号、应保管期限、已保管期限等内容。

5.3 交接双方应就移交清册所列内容逐项清查无误后办理交接，并由公司分管领导负责监交。

5.4 交接完毕，交接双方经办人和监交人在会计档案移交清册上签名或盖章。

5.5 档案管理人员工作调动时，必须在办完档案移交手续后方能离开工作岗位。

6 会计档案销毁。

6.1 会计档案保管期满由档案管理人员提出销毁意见，并编制会计档案销毁清册。

6.2 会计档案保管期满，需要销毁的，由公司档案部或财务部提出销毁意见，并严格审查，编造会计档案销毁清册，报经总经理批准后销毁。

6.3 销毁会计档案，由财务部和档案部门共同派员监销，会计档案销毁前，监销人应按会计档案销毁清册所列内容认真清点核对所要销毁的会计档案：销毁后在销毁清册上签名，并将监销情况上报有关领导。

6.4 销毁后，监销人应在会计档案销毁清册上签名盖章，并将监销情况报告本公司负责人。

6.5 会计档案保管期满但未结清的债权债务原始凭证和涉及其他未完成事项的原始凭证，不得销毁。应单独抽出立卷，保管到未完成事项完结时为止。单独抽出立卷的会计档案，应在会计档案销毁清册和会计档案保管清册中列明。

7 附则。

7.1 本办法由财务部会同档案部门解释、执行，经总经理批准后实施。